Uwiruwiru Hwazuro, Nhasi Namangwana

Hwakaunganidzwa nekupepetwa naMunyaradzi Mawere naPatrick Mawere

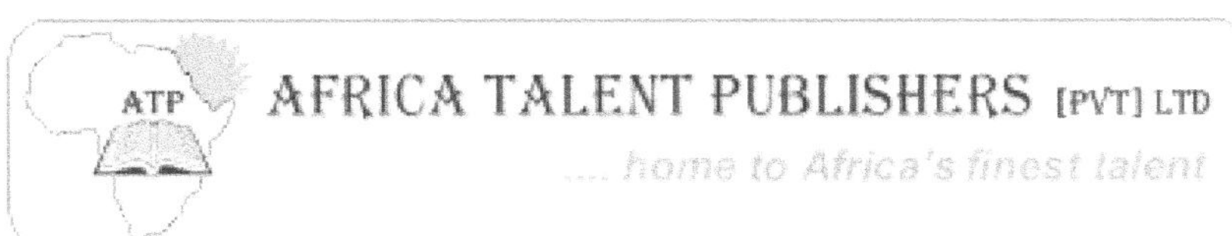

Masvingo, Zimbabwe

Africa Talent Publishers
15155
Runyararo West
Masvingo, Zimbabwe
Email: mmawere@atpublishers.co.zw
tmubaya@atpublishers.co.zw
Tel:+263 776 966 915/+263 772 973 019
Website: http://www.atpublishers.co.zw/

ISBN: 9780797497788

Nhungamidzo

Pasichigare kusati kwava nemachisi, vakuru vedu vaisika moto vachishandisa muti uya unonzi mukubvu. Pakusika moto apa paibuda zvimvari zvaivarikira zvichizobudisa moto unobhebha samare. Uyu ndiwo moto waizoshandiswa kudziya, kuvidza mvura, kubikisa, kupfurisa mapadza nezvimwewo zvakadaro.

Uwiruwiru hwazuro, nhasi namangwana zvimvari zvinovarikira zvichibva mutsika namagariro evanhu veChishona, zvichibatidza moto wetsika namagariro anhasi uno. Zvimvari izvi hazvimhovi aiwa, asi kuti zvinovarikira zvichivambukira nekuvana vedu zvichivabatidzira moto ucharamba uchipfuta nariini.

Uwiruwiru hwazuro, nhasi namangwana ibhuku rakasiyana namamwe mabhuku mazhinji enhetembo dzeChishona pakuti rinobata mazera ose avanhu ukuwo richitsinhira kudyidzana kunofanira kuvapo pakati petsika nemagariro edu pamazuva akare, anhasi uye amangwana. Naizvozvo nhetembo dziri mubhuku rino ingoma yomusiiranwa, nhaka yatinotambidzwa navakuru vedu vazuro kuti isu vanhasi tiitambidzewo kuvana vedu vanhasi nevemakore achauya: Nhetembo idzi dzinofambisira mberi basa guru rakaparurwa nemhare, vananyanduri vemandorokwati vanosanganisira VaMordekai Hamutyinei, VaJ. C. Kumbirai, VaAaron Hodza, VaW. B. Chivaura nevamwe vose vakatungamira.

Nhetembo dziri mubhuku rino, idzo dzakaunganidzwa nekupepetwa naMuzvinafundo Munyaradzi Mawere naVaPatrick Mawere, dzizere neunyanzvi noruzivo rwetsika namagariro evanhu verudzi rweChishona uye dzakarukwa nemutauro wakaurungana sehurungudo yemugungwa asi uchitapira seuchi hwegonera. Zvakare nhetembo dzacho isharaude, dzinosanganisira marudzi nemadingindira akasiyana-siyana. Munoti dzorudo, dzekudzidzisa, dzokuyemura, dzekutsutsumwa mukati nhango dzapadare nedzimwewo dzakadaro.

Vananyanduri vari mubhuku rino vakanyora nhetembo dzavo zvine unyanzvi hwemhando yepamusoro-soro vachishandisa mutauro wakagukuchira uye zvidavado zvinonyevenutsa nekutokonya pfungwa dzavaverengi. Imiwee! Kutaurirwa hunyimwa mbare dzokumusana. Zviverengerei moga nzwirapamuviri iyi tsvimbo yarova dapi.

Munyaradzi Mawere

Nhoroondo yeVaDetembi

Munyaradzi Mawere ndiMuzvinafundo (Professor) paGreat Zimbabwe University. Akaberekwa kuBikita musi wa23 Zvita 1978. Akadzidza pazvikoro zvinoti Gwariro Primary School uye Chirumba neMarirangwe Secondary Schools kuBikita kwakare. Mushure akazoita B.A. (Hons) yezvidzidzo zveungwaru (Philosophy), Masters of Arts yezvidzidzo zveungwaru (Philosophy), Master of Arts yezvidzidzo zvebudiro (Development Studies), neimwezve Masters yezvemagariro avanhu (Social Anthropology). Akadzidzisa paUniversity of Zimbabwe, Universidade Pedagogica kuMozambique uye paGreat Zimbabwe University panove ipo paari parizvino. Akaitira PhD yake kuUniversity of Cape Town, South Africa muzvidzidzo zveSocial Anthropology. Mawere akaitwa muzvinafundo (Professor) mugore ra2012 uye ane mibairo yaakahwina ine chitsama kusanganisira wekusarudzwa sekuva munyori mukuru wechidiki muAfrica uyo wakandotora kuUnited States of America mugore ra2017. Ane zvinyorwa zvinopfuura mazana maviri nemakumi matatu (250 publications) kusanganisira mabhuku anopfuura makumi manomwe (70).

Liveson Tatira mudzidzisi muDhipatimendi reCurriculum and Arts Education paUniversity of Zimbabwe apo ava nemakore anodarika gumi nemanomwe (17) ari. Parizvino ndiye sachigaro wedhipatimendi. Pane zvefundo, ane PhD kubva kuUniversity of Zimbabwe neimwezve PhD kubva kuAtlantic International University yekuAmerica. Akanyora zvinyorwa zvakawanda zvinosanganisira mabhuku nenhetembo.

Jefias Matumbura akaberekwa mugore ra1967 muruwa raIshe Mukanganwi mudunhu reBikita. Akadzidza pazvikoro zvinoti Musukutwa neJaravaza Primary Schools muBikita makare. Fundo yeSecondari akaitira paGwindingwi, mushure ndokuzoverenga "A" Level ari oga asati aenda kundotora kosi youdzidzisi paMutare Teachers' College mugore ra1993. Ndiye akavamba pakutungamirira chikoro cheMukanganwi (Hozvi) Secondary School muna 2001. Akaitawo B.A. General yake neUniverstiy of South Africa (UNISA) mugore ra2004. Akambodzidzisawo zvakare paFiromumwe Secondary School kwaGutu. Pari zvino ari kudzidzisa Chishona paBikita Secondary School, kuBikita.

Misheck Pachipano Chingozha akaberekwa mugore ra1970. Akadzidza pazvikoro zvinoti: Nyangwene Primary kuMhondoro, Nyajenje Primary kuMt Darwin neGlen View Primary Schools. Akazoita dzidzo yake yeSecondari paMakumbi Mission kuDomboshava. Akambodzidzisa paBungwe Secondary School ndokuzoenda kuHarare Institute of Technology neHarare Polytechnic uko akaita Electrical Engineering. Mugore ra1996 akazopinda muchipurisa umo munova maari parizvino. Chingozha akaitawo madhigiri eHuman Resources, Masters in Business Administration, Master of Science in Development Studies neMasters in Peace Leadership and Conflict Resolution. Akaroora uye ane vana vana.

Annastacia Mbindi akaberekerwa kuZaka mugore ra1986. Akadzidza paSt Joseph Tongoona High School kwakare kuZaka akazondoita 'A' level yake kwaMutendi High School. Akaita B.A in Religious Studies and Shona kuGreat Zimbabwe University akazodzokerazve paUniversity yakare ondoita B.A Special Honors in Religious Studies uye Diploma rourairidzi neZimbabwe Open University. Parizvino murairidzi paNyamandi High School kwaGutu, uye ndiamai vane mhuri yavo.

Aphios Nenduva mudzidzisi weChiShona paMunyira Community High School kuBuhera. Anofarira kuita tsvagurudzo dzinobata upenyu hwaVaShona, mitauro nenganonyorwa. Akadzidza pazvikoro zvinoti Gudo Primary, Kushingirira neMuzokomba High Schools. Akazoitawo B. A Honours in African Languages and Culture neMasters in African languages and Culture paMidlands State University. Parizvino mudzidzi weDLitt & Phil paUniversity of South Africa.

Rangarirai Gumbo akaberekwa mugore ra1982 kuMberengwa. Akadzidza 'O' Level yake paChingoma Secondary School ndokuzoita 'A' level yake paMusume, kuMberengwa kwakare. Akazoita Diploma in Education paHillside Teachers' College muzvidzidzo zveShona neMusic. Rangarirai akaroorwa uye mudzimai ane vana vatatu. Parizvino ari kudzidzisa paNyamandi High School kwaGutu.

Ushehwedu Kufakurinani ane PhD mune zvenganonyorwa dzinopenengura zveupfumi (Economic History) uye ari mudzidzisi paUniversity of Zimbabwe (UZ) muHarare. Akaita dzidzo yake mune nganonyorwa idzi asi zvakangodaro anofarira kunyora nduri nerurimi rweShona. Shungu dzake dziri pakuti mitauro yedu yemuAfrica iwane izwi varidzi vayo vachidada nayo nekuisumudzira. Ushehwedu anofarira kunyora nduri dzakasiyana-siyana kusanganisira dzekurudziro, nyambo, rudo kwotiwo dzinenge dzakaita tunyaya tunobata zvatinosangana nazvo nguva nenguva mukurarama kwedu savatema. Parizvino akatsikisa nduri dzine chitsama dziri mubhuku *Shoko Harivhikwi* rinova rakasarudzwa kuitwa muzvikoro mugore ra2013.

Patrick Mawere akaberekwa musi wa23 Zvita 1975 kuBikita. Akadzidza pazvikoro zvinoti Gwariro Primary School uye Chirumba neMarirangwe High Schools. Apedza akazoita kosi yourairidzi kuHillside Teachers' College muzvidzidzo zveShona neGeography. Mushure akazoita B.Ed neMidlands State University (MSU) neB.A. neUniversity of South Africa (UNISA), uye Master of Education (Shona) neGreat Zimbabwe University. Parizvino Mawere mutungamiriri wechikoro (Headmaster) paMukanganwi Secondary School kuBikita.

Moses Musengi akaberekwa musi wa19 Mbudzi 1961 kwaMarozva kuBikita. Akaita giredhi 1 kusvika 7 kwaChikukutu Primary School. Akazoita O' level yake paAlheit Mission muna1981, kosi yourairidzi paAndrewlouw Zintec College kubva 1984 kusvika 1987. Akadzidzisa pazvikoro zvinoti Chetsanga, Gumunyu neDuma Primary Schools kuBikita.

Simbarashe Machakwa akaita Sociology paUniversity of Zimbabwe (UZ). Anofarira kunyora nduri uye kudzidetemba pamagungano.

Allan T. Maganga mudzidzisi weChiShona paMasawi Secondary School, kuMhondoro. Akakurira mudunhu raShe Zimuto, kuMasvingo. Anofarira kuita tsvagurudzo dzinobata upenyu hwaVaShona, mitauro nenganonyorwa. Akadzidza pazvikoro zvinoti Chamarare Primary neZimuto High School. Akazoitawo B.A (Hons) in African Languages and Culture neMaster of Arts in African Languages and Culture paMidlands State University (MSU). Parizvino mudzidzi weDLitt et. Phil paUniversity of South Africa.

Wellington Charivanda akaberekwa kuZaka kuMasvingo mugore ra1974. Akadzidza pazvikoro zvinoti Muroi neAlheit Chimombe uye Mutendi High Schools. Akazoita kosi yourairidzi muzvidzidzo zveShona nezveBhaibheri paGweru Teachers' College. Apedza akadzidzisa pazvikoro zvinoti Shindi neChadzamira High Schools kwaGutu. Parizvino ari kudzidzisa paGadzingo Secondary School kwaGutu kwakare. Akaroora uye ane vana vatatu.

Mescort Nenduva akaberekwa musi wa9 March 1978 mudunhu raIshe Ziki kuBikita. Akadzidza pazvikoro zvinoti Gudo Primary Shool, Kushingira neMarirangwe Secondary Schools. Akazoita B.A. (Gen) paYunivhesiti yeZimbabwe (UZ). Akazoitawo Diploma in Adult and Continuing Education neGreat Zimbabwe University (GZU). Mushure akazoita Masters of Adult Education neMidlands State University (MSU). Nenduva akadzidzisa pazvikoro zvinoti Chibi nePamushana High Schools. Pari zvino ari kudzidzisa paNyabata High school kuRenco.

Fanuel Dewa akaberekwa musi wa10 Chikunguru 1974 kwaMurinye kuMasvingo. Akadzidza pazvikoro zvinoti Shonganiso Primary School, Berejena Secondary neTugwane High School uko akaita 'A' level yake. Akazoita kosi yeurairidzi paGweru Teachers College. Parizvino anodzidzisa paUchere High School kuBikita uye ari kuita zvidzidzo zveB.ED neGreat Zimbabwe University.

ZVIRI MUKATI

Nhungamidzo ... ***iii***

Nhoroondo yeVaDetembi ... ***iv***

ZVIRI MUKATI ... ***viii***

JEFIAS MATUMBURA ... ***1***

Garai pasi muterere ... *1*

Kuti dii riripo doro? ... *2*

Kupumhwa uroyi ... *4*

Ndimi makazvitanga ... *5*

Iri ndiro barika raitwa ... *6*

Gombo rangu amai ... *8*

Imba yamanyepo ... *8*

Munyengeri wandibaya zvako ... *10*

Kugamuchira muroora paumwenga ... *11*

Ndiwe here Charity? ... *13*

Itai zvose murudo ... *14*

Igo nenyuchi ... *15*

Zvinobaya moyo ... *16*

Hadzipi chinobatika ... *17*

Muvhimi haaiti shura nesango ... *19*

Gumbo mumba gumbo panze ... *20*

Ropa upenyu ... *21*

WELLINGTON CHARIVANDA ... ***23***

Ndakakutadzirei? ... *23*

Zambuko 24

Kuchema here? 25

2008 paMarabastad 27

Takamboedza 28

Zvatanga 29

Mombe mumunda 30

Kumusha kwangu 32

Hama yangu 33

Chisara mwanangu 34

Nyenyedzi inopenya 35

Pfungwa dzevamwe 36

Nanga nanga 38

Kuchitoro handi kuchikoro 39

Ndoita munamatiroi? 40

***MUNYARADZI MAWERE* 43**

Hope dzangu chinyemunyemu 43

Nyikamupengo 44

Mangwana uchadyei? 44

Street kid shamwari yezhira 45

Ndafunga pasichigare 47

Zvako zvanyanya 49

Unouya rudo ndisisina 50

Uchachemei? 51

Hero shoko kwamuri vazukuru 52

Kusatenda uroyi......54
Vauyi muZimbabwe......55
Iwe!......56
Mwari komborerai Africa......57
Ngatishandei neungwaru......59
Dandaro......60
Dzidzo musandiramba......60
Rudo igomo......61
Tsvina mumba......62
Bararawamhanya......63
Mudetembi Mazivazvose......64
Takarera imbwa nomukaka......65
Chiuyaka!......66
***MISHECK P. CHINGOZHA*......69**
Kuyedza mukadzi mupangami......69
Hubhinya kwete!......70
Usaita mateya mwanangu......71
Hutonga hwatsvuka......72
Ndiko kwandaiva......73
Ndaiva ndaramba......74
Wakandigumbura paya!......74
Vechidiki yambiro ndiyoyi......75
Kuti chimire chidziro......77
Yandisakadza nhasi......78

Amai musimboti 79
Yamera ziso 80
Ndomuitirei? 81
Mwana wevaridzi 82
Zuva rokupedzisira 83
Ndaimuda Makaita 85
Chembere mukadzi 86
Misodzi yedangwe 86
Mwoyo wemunhu 87
***LIVESON TATIRA* 89**
Rurumi rwedu 89
Wandinyudza mudziva 90
Ngatichengetedze sango 91
Ungwaru hweChiShona chedu 92
Mudzidzisi 94
Makaita Gumbo Madyirapazhe 95
Makaita Chirandu 96
Moda zvipi? 98
Tovaitirei vana vechikoro? 99
Doro 101
Ndaikuda mwanawe! 102
Rudo nomwana wechikoro 104
Dhongi 105

APHIOS NENDUVA **107**

Mukundoi? 107

Murombo haarovi chine nguwo 108

Rubatsiro? 109

Chatiparadza! 110

Jekakose 111

Ndinokutendai vadzidzisi 112

Kisimusi 113

WhatsApp 114

Upenyu 115

Ndozvireva ini huku 116

Chimurenga chechina 117

Munhu 118

Pasi hariguti 119

Nduva 120

ALLAN T. MATANGA **121**

Vaimbi vanhasi 121

Vemazuva ano 122

Wanano 123

Gomarara 125

Tsika ndihwo unhu 126

Rufu mupezita 127

Kufamba kwayo nguva 128

PATRICK MAWERE **130**
Washandika 130
Regai dzive shiri 131
Rakatakura ivhu 132
Mwanangu 133
Ini ndiwe iwe ndini 134
MESCORT NENDUVA **135**
Ndiko kuchembezana 135
Ini mudzidzi mubvakure 135
Zvawakandipedzera nguva yangu! 136
Nhai vanhukadzi! 137
Mubatanidzwa rudziiko? 138
Ngoma yavasekuru yakabiwa 139
Ruregerero 140
Vamwe taurai 141
MOSES MUSENGI **142**
Kufuma kwayo Zimbabwe 142
Kungotendekera 142
Nyamutambirwa gwinyawo 143
Uri bhinya iwe! 144
Rwakauya neropa 145
ANNASTACIA MBINDI **146**
Dzaiva shungu 146
Wepamwoyo 147

Nhai vakuruwe! 148

Rudo 150

Kuudza mwana hupedzisira 151

Madhunamutuna 152

Kwadzinorohwa matumbu 153

FANUEL DEWA **155**

Harina anoziva 155

Ndava negodo 156

Ndozvazviri 157

Rudo rwake mwana uya! 158

Mavambo namagumo 158

Rugare tange nhamo 160

RANGARIRAI GUMBO **161**

Ndanetseka ini! 161

Mwedzi waZvita 162

Nokuti tavapo 163

Mudiwa 164

Ndashuva chedu chinyakare 165

Mhindupindu 166

Ndozviudza aniko? 167

Nhasi ndiri kukurukura 167

USHEHWEDU KUFAKURINANI **170**

Misodzi pamatama 170

Tichakura 171

Kumbaiti go! 172
Pano handibvi 173
Ndaneta 174
Mai Pedzi, 2008 174
Gel de banho 176
Rwizi Rudo 177
Svovi yangu 177
Musoro watema 178
Chegumi 179
***SIMBARASHE MACHAKWA* 181**
Ndiyani ati ambozvidetemba? 181
Iva nopokuzembera 182
Vamwene nemuroora 182
Usaita nharo saro 183
Kambudzi 184
Vasikana vaendepiko? 184
Firapamuromo 185

JEFIAS MATUMBURA

Garai pasi muterere

Nyatsogarai pasi muterere vehama,
Ravhurwa rematama anokodza moyo,
Newe muranda rinzwewo panoudziwa vebwo,
Newe nherera ivapowo pavanopangwa nevavo vabereki,
Newe mutorwa usave muenzi pakurairwa,
Nhapitapi ndedzenyu mose verudzi rwangu,
Kureva mose vepasi pedenga,
Nokuti padzinde redu tose ndipamwe,
Shoko iri inzira haina wainodzivirira.

Mati mambonzwa chokwadi chichipupurwa?
Chinodzipa venhema nevasingadi kuudzwa.
Vakazivira kurairwa vanoti maisokwadzo,
Venjere vanoti, 'rinononoka nderisina muriwo'
Vamwe vanokurumidza kunzwa vasingazoiti,
Asizve mabasa ndiwo anotaridza munhu muupenyu,
Kuti unzi munhu zviito nemabasa ako,
Munhu munhu neunhu hwake hwaanoita.

Chigarai pasi muti chechetere muterere,
Ndirori donhodzo repfungwa nemwoyo,
Rigamuchirei nemaoko mavi remusiiranwa,
Tinotambidzana kusvika kuchizukuru chekupedzisira,
Aramba izvi aramba upenyu, nhaka yedu.
Aramba upenyu irinda rinofamba pasi pezuva,
Chigarai pasi muripfimbike pamunozovazha moita.

Muzere nerairo dzeupenyu hwanhasi nemangwana,
Zvazuro ndidzo ngano dzinoumba zvinotevera,
Hatikanganwi n'yambo, rudo, rairo, magure nedyaringo,
Pakadai shoko rekupanga nokutsiura robata ushe,
Ruzivo moto unogokwa kune vavakidzani,
Zano ndoga akazosiya jira mumasese.

Hatina manyawi anenge etsvimbo inoti,
'Ndini ndinotungamira,' asi iyo yakabatwa.

Dziriko nhangaruvanze panyaya dzekudetemba,
Tinodzitunhidza nokuremekedza pakutipa redu gwara,
Vakatungamira vamwe vavo isu tichateverawo.

Chakatanga ndicho chakachenjedza,
Chirungurira chirwere chinodurwa chisakuuraye,
Mwana asingachemi anofira mumbereko,
Dzinodurwa nhunha dzeupenyu vanobatsira vanzwe.

Chiri muriva chinoti gore rawa,
Chiri pamusungo chinochema chowana muyamuri,
Chinosvibisa moyo nendangariro misodzi yegarwe.

Garai pasi mucheme dzenyu nhamo mugoyamurwa,
Udzika usaenzanisa nhewe nedzaTarubva.

Zveupenyu hazvidi nhamo rimbire, murombo kubara benzi.

Kuti dii riripo doro?

Taurai zvimwe, kuruwa kana kudhorobha,
Kwete riripo, ruzha nekuzhazharika,
Hwahwa musungapfungwa hwadziti shwe-e,
Vachitambidzana mukombe wefuro jena,
Hapadanwi anonzwa kuMakwenzi kwahunokurungwa,
Panoshuviwa runyararo pabhawa paKutapira,
Kana riripo doro ibaipai!

Tarisaka uone zviriko kumaruwa!
Runotamba, runoseka nerunotsomwaira,
Ipapo mukombe unenge wakanzi dzvi-i,
Rumwe runopupira furo pamuromo,
N'yambo dzacho hadziperi pakadai,
Taurai zvimwe kwete riripo doro!

"Uyu mukadzi wani? Ndinomudavo!"
"Iyi mvana yakaraswa haina muridzi!"
Ibvepfepfe pabhawa paSanganai,
Runodura chokwadi kureva nhunha dzarwo,
Runobayana meso nemagunwe rwatosvorana,
Zvinenge zvasangana jira nomoto,

Dzimwe nguva gonzo nachin'ai,
Meso anenge achinzi we-e kunge edzurodanda,
Iwo anenge achiti piriviri seehovo,
Erovambira rasvuta mbanje akasara pasi,
Pfungwa dzinenge dzahweturwa nahwo hutsvuku,
Simba rinenge rangosara pamuromo bedzi,
Kutaura runenge rwave ruvava sechinyamunjororo muzhezha,
Taurai zvimwe, kwete riripo doro!

Kuvapo kwavo kuvapo kwemazita emabhawa,
Vanotsvinya vanoati, 'Matanga embwa,'
Uku kukoniwawo nokuti imbwa hadzimwi doro,
Chete ruzha ruripo, makonhoeimbwa pane yachuta,
Vakafunga kurara paimba yaro,
Vakabva varitumidza bhawa kuti, 'Sengejira'.
Vakaona risingaperi paimba yaro,
Vakaritumidza kuti chitubu.
Vamwe ndivo vakaita madiro napo,
Vakati ngapanzi Mazenene.
KwaGutu ndakanzwa kuti kuna Makudo naChirasavana,
Apo ndimivo makati ngapanzi Berekamwana
Ko vanaBurusamwana, Machembere naKuzondipei?
Mazita awo nezvaanoreva hazviperi, ndiSarudzai.
Kana raperawo zvapera, kwete riripo doro!

Kana riripo idzvikiti mimhanzi idhauramanzi,
Kunovira kuyedza kukabuda rimwe,
Kuchingotaurwa, kuseka, kutamba nokunwa,
Unoshaya kuti vanomboshanda nguvai?
Ugonetseka kuti vanomborara nguvai?
Vanhu vanoedzerwa usiku humwe nehumwe!
Unogozherwa nokuziva kunobva yavo mari,
Mari inonwiwa zuva rimwe narimwe!
Kupera kwazvo hunge risipo doro,
Taurai zvimwe, kwete riripo doro!

Ingoma yomusiiranwa uyu, rega nhasi, umwe mangwana pinde,
Hapana anodzidza chakawira hama nezuro,
Vanoda nzwirapamuviri tsvimbo kurova dapi,
Kuvepo kwaro doro unyirinyiti hwengwe, hwakapedza mbudzi kuti tsvai,
Uturu hwaro hune makuvawo mazhinji,
Hwezvo hwaro nehwadovi nagonzo,

Vanoita ruzha kwete pakufara nokuseka chete,
Vanotoreranawo varume nepfambi dzomudzimba,
Vozoguma namataisireva aya, kana dai ndakaziva,
Rozove zvino dzungu roga roga nokufunga,
Yonge nzuma irere ichifunga chakadya nyanga,
Anenge ofunga chakapedza utano hwemuviri,
Kana iyo yake imba, mharadzamusasa,
Ndizvo zvazvinoita pahuri hwahwa, hapadanwi anonzwa,
Taurai zvimwe, kwete riripo doro!

Kupumhwa uroyi

Ndizvo here?
Wati ndini muroyi?
Kureva kuti ndinobuda usiku kufurusa vamwe hope,
Une chokwadi here shamwari?

Ndizvo here?
Wati ndini ndinopirira vamwe?
Kureva kuti ndinosaidzira mamhepo akaipa,
Unowona ndakazvitanga rini?
Ndizvo here?
Wati ndini ndine chikwambo?
Kureva kuti ndini ndakakonzera marinda mumusha muno,
Une chokwadi kuti ndakazviona kupi?

Ndizvo here?
Wati ndini ndine mupindira, mubobobo, mufuridzandirikure?
Kureva kuti ndinotora vakadzi vavamwe muraini,
Unoti mushonga wacho ndakamuwanepi?

Ndizvo here?
Wati ndini ndine divisi?
Kureva kuti ndini ndinopa vanhu nzara muruwa,
Rangu ini dura richitsemuka nembeswa,
Unoona pangu pasingaiti nzara?

Ndizvo here?
Wati tizviongorore?
Kureva tiende kunobvunzira kugumbwa kun'anga,
Unoona, wanonoka usati wataura,

Handei!

Ndimi makazvitanga

Ndimi makazvitanga,
Kukwesha musoro nehwe,
Muchitika ndiko kupedza makwenu,
Nhasi machiti maronda nyenyenye,
Mochururuka urwa semota rapadama.

Ndimi makazvitanga,
Kukwenya musana nehurukuru,
Muchitika ndiko kupedza kuvava,
Nhasi mozvigwabvura kukwenya,
Kukwenya-kwenya saJobho weUzi.

Ndimi makazvitanga,
Kupukuta meso nemhiripiri,
Muchitika ndiko kubvisa mabori,
Nhasi mapumbuzira neupofu,
Moita senhukusa yaburitswa muvhu.

Ndimi makazvitanga,
Kutaura zvisiri zvenyu sezvenyu,
Muchitika zvamakanzwa nenzeve monge makazviona,
Nhasi zvachiti nemi mone mone kukatana seshinda yemambure,
Monge zvino makazora tsvina memadhaka kuuso.

Ndimi makazvitanga,
Kumedza musati matsenga,
Muchitika moita chisionekwi kutaridza vamwe mudzi wehwe,
Nhasi mohakira mweya nokudzipiwa,
Moita sehuku yatangurira zizundu.

Kuita chinhu kunoda kutanga kufunga,
Kufunga chinhu kupiwa nevamwe mazano,
Mazano anopiwa kune anenge abvunza,
Abvunza zano apiwa nhaka yeruzivo,
Ruzivo igwara roupenyu hwakajeka.

Iri ndiro barika raitwa

Vasikana imi, izvi ndizvo zvandaita,
Musha ndowenyu unokugamuchirai,
Mauri mune mafaro nendyise,
Mashoko anovaka neanoputsa haaperi,
Iwe ziva kusarudza musvo kubva kuhundi,
Wadaro wokotsa mondo pakavanda pomwoyo,
Wozovazha dura rako panorova nzara,
Ukasadaro unovaviwa neunye hwegwenyanguruve,
Hune minzwa inobaya kunge feso.

Musha unovakwa nevene vawo,
Mukakarira kuvakirwa nevamwe waputsika,
Ruzhinji ruripo kutsigira zvavakwa nemi,
Rumwe ruripo kutsigira zvavakwa nemi,
Rumwe ruripo kusundidzira zvaputswa nevene,
Sokuti muti warereka haunetsi kudonhedza,
Saka chenjerai kuputsa kana kuvaka momene.

Barika rinonzi nevamwe ishuramatongo, hameno?
Chete kuziva hakuziviranwi, chandinoziva ini hechi:
    Chinonetsa pabarika vanhu varo vakariumba,
    Ndivo vagoni nenyasire, kuunza rufaro nenhamo,
    Vanoriita rive neuchi mugan'a rine mandere neishwa,
    Vagoriita pamwe batsavatsi- hunza chidzamhuka,
    Zimunzwa mundove kana pane kufungirana,
    Kufungirana kunopedzwa chete nekupupurirana,
    Chirungurira chirwere pabarika vasikana,
    Ukatadza kutaura unofa nacho chete.

Chokwadi izvi ndizvo zvandaita,
Kuzvida kana kuzviramba ndizvo zvavepo,
Matama aya ngaagamuchirwe asawira pasi,
Ngaarondane munzeve pagovakwa musha unoyemurika,
Regai tizivane patsva tigovaka musha mutsva:
    Imi amainini, ava ndivo vahosi vemusha,
    NdiMaposa, Kandamina utesve weMasvingo eGovera,
    Musawona kudaro, kwava kusakara kwaro dovo,
    Paumhandara yaive nyenge nhungamakore,
    Ndakatorigira makono mazhinji pasi pandakavatora,
    Akandisvigidurira vazvarwa vatatu nevazvare vaviri.
    Imi vahosi, uyu ndiye murongo wenyu, wondosvitsa kwamuri,

NdiMasivanda, Shumba, Matikaha nokuona dzimba,
Munongozvionerawo chakasaka kuti ndipambare,
Nyama inonaka inotaura yoga,
Vakawanda vakandisarenda vakasimudza gumbo neruoko,
Ndinovimba achadyawo sora kwete nyama yoga,
Ndinoda andiberekere zvipo zvavana vatanhatu.

Nhasi mabatanidzwa nemamwe maitiro,
Ukama itsinga dzinotandirana kupana ropa,
Imwe ikadambuka rinojuja ropa kupwa zvopedza upenyu,
Zvatadai tave tsinga tofema mweya umwe,
Muviri ngauve umwe nechinangwa chimwe,
Charwadza mumwe charwadza tose,
Chachemedza kana kufadza mumwe ngatidaro tose,
Chinya nechiramwaramwa hazvivaki musha muuya,
Gurwe rakadimbura makumbo aro nazvo,
Musi wokuda kufamba rakakungura charakaita nezuro,
Kugara nhaka kuona dzavamwe,
Mukaita umbimbindoga munosara pabani moga,
Kugona koumwe kunopa mafaro kwatiri tose.

Chiedza ichi vasikana chinovhenekera tose,
Rimazve iri rinodzimatidza tose,
Asi meso nepfungwa tinazvo tose,
Amwe meso nepfungwa tinazvo tose,
Amwe meso anovona kukunda avamwe,
Avona ngaaratidzevo vamwe gwara rokufamba naro,
Umwe ane pfungwa dzakapinza kudarika vamwe,
Ajekerwa neruzivo ngaapakurirewo vamwe,
Ndiko kuti rwendo rwacho tisvike tose,
Pashaye anopofumara meso nepfungwa,
Akashaya anozomubatira mudonzvo parwendo.

Musha kudzidzana, kutaurirana kwete kurevana,
Mashoko ave manyoro mashoma, kwete makukutu akawanda.
Mabasa ndeekubatidzana kurerutsa zvinorema,
Mukasadaro pabarika mazvara mbengano,
Mbengano dzinosakisa makonzo amanyirane nenyoka,
Zvikapinda nomumba, hapazvarwi ane bvudzi mwana.

Gombo rangu amai

Rivete zvaro muugwenemwene hweivhu dema,
Mhiri nemhiri kwaro kune miti inorisvibirisa,
Inorudza mashizha anorikodza pasina shanje,
Gombo rakamirireni kuti ndirishanyure.

Rine miti yemhando nemhando yakarikomba,
Gore negore inokope chirimo mashizha ichirudza,
Rakatandavadzwa munhivi dzerwizi rwakaridziva,
Ndirimo mariri mwoyo tekeshe kutandavara serunyemba.

Musi wokuritema panoda rine mbabvu jaya,
Ibasa rinotoda kutanga wauti kabi mukonde wesadza,
Pandakaritaridzwa ndakamedzera rute rweshanje,
Ndakaona rakati neni kwesere kunge mukombe nechirongo.

Mariri muzere uchi nemukaka zvakamirireni zuva rejakajiriri,
Ndakati kurishandira iro rikatiwo ndokugutsa,
Kuritarisa ndiri chinhambwe, mwoyo nyevenu pfungwa dzodzoredzaniswa,
Ndiro gombo rangu amai rine rwizi Donhodzo.

Imba yamanyepo

Kubva muchapfimbana dzaive nhema dzoga dzoga,
Zvino haisvike chando imba apo chokwadi chinobuda pachena.
Nokuti yavakirwa panheyo dzisina midzi yeupenyu,
Chitosvora meso imba yavakirwa panheyo dzemanyepo.

Maivaraidzana nekurezvana nenhema muchiti:
    Usipo handirari, asi imi muchipukuta mabori,
    Usipo handidye, asi imi muchidzvova itsvi,
    Usipo handina mufaro, asi imi muchiridza chikwee.
Mwanasikana wobva wanyengereka kumedzera rute kuti ndadikanwa,
Womera zenze remanyawi erudo rwenhema,
Kana mvura waipotsa padiki kutsenga ichaduba masvisvinwa,
Pfungwa dzichimborasika kumema imba yamangwana yemanyepo.

Imba mavakira panheyo dzakashata iyi!
Pamunosangana munorezvana zvenhema moti:
    Ndaikufunga zvisingambobviri, saka zvobvira?

Ndaisararama kana usipo, saka wasvika sei apa?
Nhasi vamatenga vatizarurira, ichokwadi ichochi?
Mune chokwadi chekuti Mwari ndivo vakuzarurirai?
Ndiye wedenga ati muchatiswe nemago mumakwenzi?
Inga Bhaibheri rinoti kuwanana ngakukudzwe navose.
Zvino vangani vanoziva pamuri apa ikezvino?
Kana ivo vabereki venyu vanoziva kwamuri izvezvi?
Mwanasikana wotsinzinyira uchisvinudza epfungwa meso,
Nyamba wafurirwa negevha riri kukwenya mhuno nekasiyanwa,
Kuvavarira zuva rokurigira mukono pasi,
Mozoyeuka kuyambuka rwizi irwo rwadira kare,
Motakwaira sechura chapererwa nemvura mudziva.
Maitaka mutangatsapi kupesana nechokwadi chewanano?
Mwana obva apiwa zita rokuedzesera chokwadi, Anesu,
Bvunza kuti, "Anemi ndiyaniko mwana zvamamuti Anesu?"
Vanopindura, 'Ishe anesu', apo vakanganwa manyepo azuro,
Mwari ndinomuzivawo ini, haafariri nhema!
Kana baba vadzo nhema Dhiabhori, anozviziva,
Ko angagova nemi seiko paimba yenheyo dzenhema?

Anokura mwana kuyaruka, tarisiro yezvakanaka hwava,
Musoro mbembe kuchena, achingonetsa,
Bvunza kuti, "Zvakabva kupi zvinoshungurudza nyika kudai?"
Unovona kuti muzviuno zvevabereki panheyo dzenhema,
Ko ivo baba vacho, vanonetsa zvishoma here?
Nhema dzinosvava, mavara echokwadi obva abuda pachena,
Nhasi namangwana, mari yatambirwa haisvike kumba,
Bvunza kuti, 'zvauya sei nhai baba?"
Kwanzi, 'Ndakabirwa nematsotsi emuHarare',
Izvo nyambisirwa yakarojeswa pfambi yekuMabvuku.

Mudzimai kumba achiri kudutu vamwe vave kumbude,
Achakangoputirwa nenhema dzababa dzazuro,
Pakawana anomuruma nzeve anonyenama nhema
Anonzwa maungira enhema achinyenyeredza chokwadi,
Chokwadi chinenge chataurwa chichisiya chinyeponyepo.

Chirega uvone musi unotushuka zimota riya!
Kunobuda batai-batai chokwadi chofundunyuka,
Imba yamanyepo pfamvanyuku, parara pasi ngondongondo,
Nheyo dzenhema hadzigari, hadzimisi chinobuda.
Nhasi Anesu yave nherera yazvarwa nenhema dzavapenyu.

Imba yemanyepo inozvara nherera dzevanorarama vabereki.

Munyengeri wandibaya zvako

Ndakanzwa nhema dzaunoreva mumba mako, kuti:
Ini ndinokwereta mari yako ndisingadzoreri,
Ndokonzeresa bopoto mumba menyu,
Zita rangu ndiro roputsa imba yenyu,
Mukadzi wako akashaya sipo oti ndini mubvanazvo,
Akashaya shuga oti ziso kwandiri dzvondo,
Paanoshaya icho nechecho ouya kwandiri kubvunza chikwereti chenhema.
Zvinoita here izvozvo?
Uri kuzvifambisa sei?

Ini ndinoda chete kukuudza kuti:
Usanyepa nezita rangu,
Usabira mukadzi wako nezita rangu,
Usarova mukadzi wako nezita rangu,
Usavanda neni paunokanganisa,
Handidi hangu, handidi!
Chokwadi hachiputsi ukama, handidi!

Ndosaka wakarova mukadzi wako ndiripo!
Izvo chidhiidhii kuteta hundi mwoyo uri kumakoto?
Wainyepera izvo kwaive kudodeni zvako,
Pandakati ndikudzive ukati dzawira mutswanada,
Wakabva wati neni memetere zvawaida zvikabuda,
Wakabata bhemba ukandisikiza naro,
Handina kumira pakadai, ndakacheka mhepo,
Handina kuziva kuti pamba penyu vashe hapatsikwi,
Ndaifunga kuti tiri kufambidzana sevanamati,
Izvo kusaziva kufa munhu achiri mupenyu.

Nhasi ndabaiwa nebayo nekuda kwako,
Wakandizvimbidza nawo mubhadha paya,
Kundirovera zita rangu rawaisvibisa,
Kundirovera kuti ndareverei chokwadi,
Wakazvishingisa uchiti:
Ndinofira mujeri ndauraya munhu!
Ndinoripa kana ndikauraya munhu!

Une chokwadi nezvawaitaura iwe?
Unei chaunacho cheuviri chinotenga munhu?
Mutengo weupenyu hwemunhu unouziva iwe?

Bva itai tivone kunowira tsvimbo nedohwe,
Ndimika makazvigona kuti wageza unogurirwa,
Ini tsoka dzangu guruva ndazunzira pamba penyu,
Hapachagurwi, pakaberekera ingwe.

Kugamuchira muroora paumwenga

Aikazve mauya muroora Chivara, Romo, Chishongo,
Pano pamatsika ndepaMusikavanhu veDziva,
Mauya kuzotisikira vanhu vane unhu,
Hausiri iwe nhangaruvanze mumusha uno,
Jaya rako rakatevera matsimba ababa varo,
Hosi yapano pamusha iDuve chaiyo Mutasa,
Ndivo vanoteverwa navamwene vako vaMamoyo,
VaMamoyo ndivo nyakugomera Chipuduramburwa chako,
Zvino ungati ndiwe Matangakugara pano seizve?

Ndizvo hukama itsinga dzinotandirana,
Chadzo kupana ropa hupenyu huchifambirana,
Uri muno nhasi Kandoro murudo mweya tichifemerana,
Kutipa upenyu hwakati chechetere semvura yeguvi tichipururudzana.

Makaita zvenyu makaonana,
Nhasi tavewo nerudekaro nenyemwerero mukuonana,
Zvamapinda mudziva motiva kamwe pamaona,
Mukada zvedzokororo ngwena dzasvinura munoonana,
Umhandara ishonga kamwe chikuru umvana makazviona,
Mukaita gumbo mumba gumbo panze tinozviona,
Tinoti nzira igumbu haikurambii endai kwenyu mundozviona.
Ga! Gadza! Gadzakata!
Ga! Gadza! Gadzakata!
Kufamba kwenyu zvenyu Romo,
Kufamba kunenge kukavira nyimo,
Hamuoni kururama kwazvo nemivo zvenyu vehama,
Vanofambidzana zvavo vane moyo yavo yakarurama,
Mbizi neChihura zvichifambidzana zvazvo pauzima,
Vakafunga kumisa bangoravo pauviri paukama,

Ndizvozvo Chivara Manjenjenje Mbizi Mutasa,
Tinokugamuchirai nemoyo usingasvavi wakati tasa.

Patakazvinzwa takati zvatibvira nepai,
Takati ndiani hake watigonera basa rakanaka kudai,
Kutibudisira tsvimborume yedu mugota chinyai,
Mose munotenderana neni kuti ibasa rinoda nguva yakadai,
Basa rine nhevedzo yemipururu, mheterwa nemanja kudai,
Ndiro dzichifemeswa nendarama ine nhevedzo yerairo nhai,
Kune vamwe vane chitsama vakatadza kuita zvamaita,
Kwete nekuda asi kushaya zivo nemano ezvamaita,
Vakateerera veshanje negodo vakapesana nezvamaita,
Mhuka inonzi wanano vakatadza kutiuraira zvamaita,
Vakabva vakanda mapfumo pasi kukoniwa zvamaita,
Matigonera, tinokugamuchirai nemaviri maoko Samaita.

Zvinonzi guyu kutsvukira kunze mukati mune masvosve,
Hatingadero tichipa imbwa mukaka makorwa aripo?
Kurera nhiriri mumurara tofuma todyiwa nayo,
Kana makadaro tinoti jira renyu rakurisa, endai naro,
Ringagara pai isu tatadza kuripeta,
Chichenai mwoyo kuita uyanga kunze nemukati,
Mowedzera runako nezvamunosanganawo nazvo pano,
Rudo ibvachapfacha, kuzvidzora nekuzvibata mauya,
Mashoko akarungika achipa rugare kune vanonzwa,
Kuvenga, godo, nharo neundini hatina nzira imwe nazvo,
Patazviona tinohwanda toisiira makorwa vene vawo,
Madaro magara zvenyu nendiro mukati medziva.
Tinobva taramba tichirova nhondo sezvanhasi izvi Madhuve.

Hama igurusvusvu, saruraude guruva renyika,
Veropa, vavakidzani navose vaunosangana navo ihama,
Mumwe namumwe ane rakevo raanoda kukukandira,
Mamwe anotapira mamwe achitapa-tapa zvokurutsisa,
Iwe ndiwe rusero runopesva nekuzungura musvo uchokotsa,
Wadaro wazivira wanano tsvene inokupa rugare rwenda.

Tsuro pfupi haitemi uswa hurefu,
Mukayemura zvavamwe nezvanhingi maparadza ugaro,
Munhu ndewekuzvishandira nemaoko ake,
Ziya harinyimi mwene waro,

Kana uri uya wekugara maoko, ungadai usina kutitsika,
Kana uri uya wekukumbirira mumwoyo, ibva waenda zvako,
Tinofara kana wachena zvose kunze nomukati.

Usave muroora anonyimisa vamwene munyu muraini,
Tikaona zvoitika toziva kuti ndiwe muuyanazvo,
Ndizvo zvishoma zvandati zvadzisingarimi dzinzwe,
Kana manga makaisa zvitanda zvichabuda pachena,
Angu haangaperi anowodzvoka semvura mudende,
Ndakugamuchira kwazvo Chivara Manjenjenje Gandaravasikana,
Nomukono wangu weinda nemagadzanda ayo,
Kukushuvirai upfumi mavi mundaramo yewanano,
Ndochigumira pano tinzwe zvinobva kune vamwe.

Ndiwe here Charity?

Ufunge mwoyo muti unomera paunoda,
Ufunge takaparadzana paya musi wenhaurirano,
Pfungwa dzangu dzakaramba kusiyana newe,
Ndikati zvimwe waizozadzisa zvitsidzo zvedu,
NoMugovera uya ndakaswera ndakarindira ose eMasvingo,
Ndikati kuda zvimwe ndichakuona woburuka mune redu Tendawasvika,
Sei uchiita utsinye hwakadaro?
Une chokwadi here nhai Charity?
Kundirindisa guyo sembwa!
Kundibatisa dombo sagudo anyengedzwa natsuro!
Chii chakakonzera usazadzisa izvo wakavimbisa?

Ndiwe here Charity?
Usadaro umwe wako Charity!
Ndaireva uve wangu pauzima,
Kufunga kwako kuti ndainyepa kunyeperwa nen'anga yako,
Rega ndikuudze zvakakodzerana newe,
Uri mudziyo wakachengeterweni baba vapadyo,
Uri mbiya yederere rangu isina anobata,
Kuvimbika ndiko kunoumba unhu hwemunhu,
Benzi rinoonekwa nekuzviratidza namabasa aro,
Ndizvo kurifukidza mujira rimwe nemunhu kwaye rinoonekwa nekushanyarika,
Handibvumi kuti iwe ndizvo zvauri,
Kana usina kukwana wana nguva yokugadzirisa,

Zviya zvawakandiita zvinoramba kukwana mupfungwa dzangu.
Unoda kuwodza rudo rwangu nemhaka yei?
Kuda munhu kuuraya here nhai Hwiramiti?
Usadaro nhai Charity!
Ndakatsvaga ndikambotsvaga umwe ndikashaya,
Ndakaongorora ndaongororazve, ndikatsvara zvikaramba,
Pandakaona iwe ndakabva ndagara pasi ndikati zvaita,
Hameno kuti chii chakabva changohwetura wangu moyo,
Handizivi wakazorei chakatora rudo rwangu saizvozvo,
Uchandiudza chete Charity, handitika?

Iri ndiro dama rangu rekutanga kwauri,
Usarega kuuya kuya kwatakataurirana zvekare,
Ndingawora mwoyo ndikazotorwa nanamainini Kerina.
Nhema dzinonyadzisa rudzi, asi zvokwadi inokurisa musha,
Rwedu rudzi ruchakura tawanana!
Ndiwe wandakamirira Charity!

Itai zvose murudo

Chiona nhasi zvoitika!
Tofuratirana sehandira dzakonana pakurwa,
Teerera unzwe vari seri uko zvovotaura!
"Takambozvireva hedu kare vakaramba kutinzwa"
Vakareva kuti chii kare kacho?
Vakayambira ani pavakazviona kare kacho?
Zvino ndirwo rudo irworwo pachigarisano?
Ndaiti zvimwe kugarisana kutamba mose,
Kutamba mose ndaiti kudzorana pane zvakaipa,
Kudzorana pane zvakaipa ndaiti kutaridzana gwara kana nepatinorasika,
Ko zvino ndezvipi nhai mwachewe?
Chavanoda chii chaizvo?
Vanoda musoro wangu kana mhuri yangu?
Vanoda pfuma yangu kana mukadzi wangu?
Zvino chii chaicho?

Kana muchidanana dananai norudo,
Kana muchiwirirana wiriranai norudo,
Kana makavakidzana garidzanai parudo,
Mhuri nemhuri parudzi kufambirana murudo,
Kumisa imba kuve mhuri imwe murudo,

Kumisa nyika kuivaka tose pamwe norudo,
Pasina rudo pane shirikido yeruvengo,
Pane kuvengana ruchiva nokufungirana hazviperi,
Kusapera kwazvo mhedzisiro umwe anofuma chave chando,
Musadaro hama neshamwari mukugarisana,
Tiri hama nehama chero mitupo takasiyana,
Nyuko yedu ndeimwe chete.

Hama yangu yapedyo ndaiti ndiwe mukadzi,
Mukadzi wangu nhai iwe, ndaiti rudo kudanana,
Kudanana ndaiti kuvimbana mukuita nokuwirirana,
Kuwirirana ndaiti kunzwanana mukufambidzana,
Kufambidzana kwangu newe zvoreva kuva pazvose pamwe,
Kutambura nokuchema kwako neniwo ndosvimha misodzi,
Kufara nekuseka kwako nenivo ndonyemwerera norudekaro,
Chakatisunga pamwe ndiyo mhuri pauumwe,
Kutsiurana pakusazvibata ndiyo tarisiro muumwe,
Zvino zvauya sei kuti tikakatirane murudo?
Rudo!

Panoda mwoyo gwanzi haripasviki chose,
Ndaiti zvataumba mhuri tatogara tose,
Gwara rako chairo nderipi mudzimai?
Pfungwa dzako chaidzo ndedzipi murume?
Musachembedzana umu rudo rwakatama kare!
Muri pamwe nechinangwa chei chaizvo?
Hupfumi?
Imhuri?
Ihama?
Itai zvose murudo.

Igo nenyuchi

Igo nenyuchi zvakafanana nokuti:
    Zvose zvinoruma zvinorwadza,
    Zvose zvinobhururka,
    Zvose zvinoita mazana,
    Zvose zvinofarira maruva,
Zvoda vane meso kuvona kuti nyuchi iri pamberi,
Igo rinodzivirira mazana aro panhundu chete,
Nyuchi inodzivirira mazana ayo pane uchi,

Nokudaro ine njere kudarika igo,
Inotota maruva kugadzirira vana vayo zvekudya,
Vana vayo vanodziirwa muchando neuchi ihwohwo,
Igo rine nhundu chete pasina uchi,
Muvhimi ane njere anoziva chekutevera,
Atevera mago anorumiwa pasina chaanowana,
Atevera nyuchi anorumiwa pane chiripo chaanowana,
Ndipo panoonekwa mutsauko weane njere neasina,
Vakuru vakati dzinonanzvana dzakakora,
Njere dzinoteverana nenjere nokuti zvinozivana,
Vanagudzamudungwe kuenda nembwa kudoro nekusaziva.

Chete dzimwe inyuchi dzegonera dzinorumisa,
Dzinoruma ndidzo dzine uchi,
Wadzivamba ukasatsungirira unodzitiza,
Segudo rakahurega richihuda uchi,
Unoswera wave nenhuku sezvimota shungu pamuviri.
Wadenha mangwiro unototi ukwinye,
Zvinotoda kuti usunge dzisimbe kana wadzivamba,
Vakangwara vanoshandisa uchi kudzikachidza,
Vamori veuchi vanohumora vachifuridzira tsatsi,
Dera rinosiya zvese uchi netsatsi mumukoko,
Roenda kumba ari maoko chete nemisodzi pamatama,
Nokuti zvinonaka zvinoda mukono,
Vamwe vakaremerwa nenheve vave kutosvika,
Vamwe vakaregedza chaive mumawoko nekuwombera,
Njere dzinotevera vene vadzo,
Igo nenyuchi zvakasiyana,
Iwe ziva chekutevera pane igo nenyuchi,
Usatorwa moyo nechisina mazana neuchi.

Zvinobaya moyo

Ndakakura ndichinzi mwana nevabereki vakandirera,
Ini ndichitiwo ndibaba namai vakandizvara,
Nhasi pondoti ndayaruka, ndabva muupwere,
Ndipo ndoti ndichishandirawo vabereki vangu sevamwe,
Ndomhemhairavo nemasango kuvhima chouviri,
Havo vondiudza kuti, 'Vaya havasi vabereki vako',
Ndikati evo zvinoda kupedzera nyota patsime,
Ndokubvunza, 'Nhai vabereki zvondoudzwa izvi ndezvipi?'

Vondipindura, 'Hongu, takakunhonga munzira inoenda musika weMbare,'
Saka vangu vakandizvara chaivo varipi?
Vakandiyarutsa chaivo ndavaona, ndavaziva,
Zvinobaya moyo kuzvirangarira vehama.

Takagara tose kwemakore tikaita mhuri,
Mhuri ndichiita vana, ivo vachinditi baba,
Ndichidikitira kushanda kuriritira mhuri,
Nhasi zvave zvigondora zvave kuzvionera,
Vava kufungawo kutiraramisa apo neapo,
Ndipo ndoti nditambirewo zvabva nevana sevamwe,
Ndoomberavo maoko kugamuchira nokutenda zvauya,
Havo vondiudza, 'Vana havasiri vako chaivo',
Ndikati aya makukutu anoda nyakutumbura nhumbu,
Ndokubvunza, 'Nhai mai vevana zvotaurwa izvi ndezvipi?'
Vopindura, 'Hongu, ndevemuvakidzani wedu uya wepaseri.'

Saka vangu vandakazvara chaivo varipi?
Vandakayarutsa chaivo ndavaona, ndavaziva,
Zvinobaya moyo kuzvirangarira vehama,
Chipadza chokukumbira hachina ndima,
Chimombe chokuronzerwa ikama wakaringa nzira,
Musi waunozviziva kuti chawakabata hachisi chako,
Nemusi waunotorerwa chaunoti upedze nacho kabasa kako,
Kana apo unosiiwa hwedza isati yazara kamombe koenda,
Unosara wakashama miromo uchizvibvunza,
Saka change chaicho chandakabatira ndechipi?
Chokubatiswa chaicho wachiona ukachiziva,
Zvinobaya moyo kuzvirangarira hama.

Hadzipi chinobatika

Ndichangoriti kutukutu rangu ramavara,
Chikomana chekuwisa ishe padare chiya,
Chikati icho, 'Handina matyira ndasvika',
Chinguvana ndakazviona miromo yazara nenyemwerero,
Nzeve dzorerekedzwa kunzwa nzvidya yomwana ichiimbirira,
Kutaurai kwemwana wavaridzi kunenge kutekenyedza,
Meso ake anoenda-enda kunge nyamasase mukuedza,
Meno akati chechetere iwo akashonga mukaka,
Sakadzimu rikatinapedo bva kunyemwerera onge mheni,

Ruvara rwake aive muchena wakati mbe-e pasina kavara,
Makumbo ainge zvitanda kutaridza kudya achiguta,
Bvudzi rake ruswiswi rwebani kusvibira,
Hapana chaishoreka kubva kumusoro kusvika mutsoka,
Zvipfeko waingofunga kuti akadonha nazvo mudenga,
Paiva nevitambo zvemwana zvinokunda ngoma kurira.

Ndakangoti haano makomborero aunzwa nemidzimu,
Kurega zvakadai zvichipfuura ndakati ndihwo urema,
Munguva isipi chivindi vhu-u ndokurikanda redzvetsva,
'Vahanzvadzi ini ndafunga kuti muve muroora wokwedu',
Iye paakanzwa kuti andikoda mwoyo zenze tuku,
Akangotekateka hake satimba mwoyo uri kumakoto,
Ranguro raingonyenyeredzwa seraivava kuritaura,
Izvo kwaive kusunda nguva mukwidza tichiupemhena.

Takazoti zvino tati godi pazvimabwe zvaivepo pakaserera,
Meso ndiye tsve-e kuzvidhorofiyo mwoyo kwakuzvida,
'Nditururirevo nokundipurira zvidhorofiyo ndidye',
Ini kungozvinzwa ndikati "wanonoka usati wareva",
Iye muzura tyorei ndiye bububu ndokutambira zvinyoronyoro,
Bva ini ndongokwenya mhuno nekasiyanwa,
Hana kurova hecho chigayo kubvumira nyaya yanga yopfumbira,

Patakangoti dzikiti zvibwe ndiye mubani pfacha,
Zvino kaukama kekusazivana kainge kachipuma,
Asi ranguro raingonyenyeredzwa parurimi zvedi,
Pano nepano mafemo aiturwa seuya akazvitakura,
Kwaive kungoti pamusasa, pamunhondo sagunguwo akanganwa paakaviga zanda,
Ini ndikati ndiyo ngoma yandakadanirwa ndikanzwa,
Ndakatsidza kuti kukona kwazvo zvinokona zvine hata,
Ndakairudunura mizvambarara negudziramukanwa yokuvhevha,
Mwana wavaridzi akanetawo nazvo kunditarisa akati onyara,
Ndakaona kuti manzwi aingeanyadza Munengami,
Paainge ave kuti, 'Nda---ndaku--- ' ndiye pepu kuhope.
Kuzoti tsvaru tsvarakadenga iya ikati sarini kuhope!
Ndakabitiririrwa neshungu ndikazvirega ndaneta,
Rutunga rwehavi rukati neni dzemetere,
Ndakazongonyaradziwa apo ndakarangarira kuti:
Hope chinyemu-nyemu hadzipi chinobatika.

Muvhimi haaiti shura nesango

Maisiri haana mashura nezvaanosangana nazvo musango,
Chakakosha anoziva paari nezvaanoda mariri,
Iwe wafambamo ukaziva zvawafambira wararama,
Ukasaziva chinangwa chako mariri sango, waenda dzama samadora.

Muzere zvinofadza nezvinosuwisa mumasango umu,
Ukafamba mitunhu mirefu, unobinduka nenzara uye nyota,
Unogona kusangana nemakata uye nemateru zvinotyisa,
Kana kwakaita sekwedu, mawere ariko anotsvedza,
Panobva paita chamutege-mutege mutamba uri paruware,
Radonha rinofa raporomoka roita masvikumbwandara seriya risina maoko.

Ukabaiwa nemunzwa musango haubvunzi kuti waiswapo nani,
Nokuti ndiwe unenge wauvinga pamuzinda wawo,
Ukasangana nenyoka musango usabvunzira kutsvaga wakutumira,
Nokuti ndiwe unenge waita shura mumusha mayo.
Ukasangana neshumba wasangana nevaridzi vesango,
Chako kugwinya kuita nhendeshure kuti unzvengane nayo.

Zvirimowo zvinoita kuti muvhimi anyemwerere mumasango umu,
Akamutsa mhembwe, ngwarati, mhara kana tsuro anofara,
Chake kudikitira ziya pamwe misodzi neropa nokumarwa,
Akasanganawo neshezhu akanyatsoitevera uchi amorawo,
Akaendavo pane uyo mutohwe wakabereka araramavo,
Chake kuchenjera nekuziva kuti musango zvinozvida zvakawandavo,
Zvikaita mahwekwe panowana chinokurira chimwe,
Uchenjeri kuziva kuti nyuchi inototavo kununira kwematohwe,
Ukasangwara inokupa nhuku yasiya rumborera rwayo maurimo,
Pamwe muvhimi anosangana nerovambira rakazvizororera zvaro,
Ukasachangamuka rinokukobora rikabva rakuita zvinorova,
Pakuturura ako matohwe muvhimi chenjera mago panhavi iyo,
Ukasasvinura unobva shure kwave kwedanda wandurikwa.

Usadana mashura kana wasanganirana nazvo muupenyu,
Nokuti nyika yatinorarama mairi nesango zvakafanana,
Kureva shura mazviri kushaya mano okuziva zvazviri,
Mazviri muzere zvinotapira kunaka nezvinoshirishita kuvava,
Kwedu variko vana chipavhurire nevakatsvukisira meso zvevamwe,
Ukasangana navo wawana mutsa kana kushama wabirwa chawakapfeka,

Vamwe variko vanovaka matendere avo neminhenga sedzimwe shiri,
Ukasangana navo unopedzwa simba ukarukutika nokuziya,
Zvikwambo zvavo zvinokusveta ropa kusvika mweya waneta,
Variko vanakupahuturika vane tsitsi, rudo nenyasha muupenyu.
Chako kuziva kuti tsvimbo inorerekera kune musoro wayo,
Sezvinoita muti unowira kwawakarerekera.

Hapana mutunhu usina mago kana usingariri bere,
Vakare vakati hapana mutunhu usina rinda,
Kwenyu ndakanzwa kuti arikovo magarangesiyamo,
Ukadhivana navo unodikitira kushanda simba rako vachidya,
Vanokora nemhanda iwe uchisvosviteka kuonda setsono,
Chako kuziva zvazviri worega kudana mashura pazviri.

Hapanawo mutunhu kana nyika isingabudi zuva,
Mvurawo ndimasanganise inonayira vose pasi rino,
Kwazvo avo ndakanzwa kuti variko vanaSinyoro nanaMwoyochena,
Ruyamuro rwavo runokusimbisa kusvika watenda Musiki,
Ukasangana navo wawana zvitubu zvinopedza yako nyota,
Chako kuziva zvawavona worega kudana mashura pazviri.

Chinonzi sango minzwa nemichero, mbira nenyoka zviri mariri,
Chinonzi nyika marwadzo nemafaro, upenyu nerufu zviri mairi,
Iwe usaita shura nezvawasangana nazvo murwendo rwauri ,
Muvhimi unoziva zvaanotsvaga musango, iwe zivawo zvaunoda mairi,
Chako kuvhura meso nendangariro kuti usvike rwendo,
Ukavarairwa munzira unosvibirwa parwendo usina kwawaenda,
Tinozokunhonga kwaedza mangwana pasina kana kwawaenda.

Gumbo mumba gumbo panze

Zvaiwana ngwarati yofura irere,
Zvanyadza munengami pauzima,
Uku ndiko kutonhodzwa kwaChauruka,
Uku ndiko kunyaradzwa kwekututuma kwefungu regungwa,
Nhasi wachiti forototo sevhiri rapera mweya,
Nhasi wachipfava sedowo rasukutwa,
Nokuti chawakadya nezuro chamuka,
Nokuti hapana muchero usina masvisvinwa.

Wakanzi gara mumba iwe ukati tana,

Wakanzi tambira pavanze iwe ukati tarazaza,
Waifunga kuti mumba mune hutsi hunotosvora,
Wakakanganwa kuti uko kune huruva inokosodza,
Wachiti zvino tondondo sehuku yaniwa,
Wabhuruvara kusakara semvemve jaru rejira,
Wawondoroka sedore remombe yehandira,
Wave nheveramadziro semumvuri wegota rawaitiza.

Vatete mhangamazano vakati chengetedza imba,
Iwe ukati kupata nokusaziva kwavo kwechinyakare,
Babamunini vaya vakati zingizi gonyera pamwe,
Iwe ukati kumedza mhodzi yenhengeni kugonda huro.
Vakabva vati "muromo zvinyarare, meso hona!"
Makasungira makavhu ngoma ichirira mudariro,
Makave vanadasva-watasva bhiza rapahofisi,
Nhasi moverengwa mbabvu sehodya yeimbwa,
Mabvi zvino achireba kudarika musoro.

Zvawakati kutakura ngwena huida, heyo!
Chiregokachidzwa namangayi owonwa ayo,
Usaneta nokugomberwa kufambira chipatara icho,
Usafinhwa nokusvotwa pakudya twakasiyana-siyana utwo,
Ndozvoroda gurokuro kuripa nederere iro,
Ndiwo museredzero wendambakuudzwa uyoyo.

Chokwadi unzenza huchi hwegonera huna mavhu,
Chagara chisi hachieri musi wacharimwa,
Munhu dzikama uvake unhu hunoyemurika,
Munhu vimbika pawanano ukudzwe nevekwako,
Zita rakanaka chizoro chinonhuhwira mumhuri,
Kukosha kwevakare kunoti "Gonzo mhini gara mumhango chomudzimu chikuwaniremo",
Munhu tamba nezvimwe Mwari hausi muramu.

Ropa upenyu

Iyi inyaya inozikanwa kunyange nasatana pauzima,
Aivapo padare rokuronga upenyu neropa kareko,
Hapana chaangaudzwa nokubvunza panyaya iyoyi,
Ruzivo anarwo kuti VaPrisita vakare vaisuka zvivi neropa,
Vaideura ropa rehwayana kana nzombe kupa hupenyu,

Ropa raideurirwa iye kozotivo vamwe voruzhinji,
Ropa radeurwa raipa upenyu kune iye wadeurirwa,
Ndiyani angaramba nyaya iripachena iyi
Chero panozvarwa mwana- upenyu ropa rinoteuka.

Saka nyaya iripo pano ndeyeiko?
Satana ane ruzivo urwu ari muno munyika,
Anozivisisa kuti kutadza kwaAdama kwabvisa vanhu muupenyu.
Anobira vakawanda njere kuti vafe vari mukusaziva,
Nokusaziva vanoramba hupenyu hwavakangopiwa pamuchinjikwa,
Dhiabhori ane zvaanozivisa nezvehupenyu huri muropa,
Anoita izvi achivanza kuti zvake ndezvenguva diki,
Anopa vazhinji zvikwambo zvinotsvusa kuuraya hama,
Mwedzi nomwedzi kana gore negore ropa rinodeurwa,
Radeurwa ropa nyakudeurirwa oita hupenyu hweupfumi,
Anofamba nemavhiri emari kureva motokari kana ndege,
Chikwambo chonge muPrisita wekare pakupa hupenyu.

Aitanga asuka zvivi zvake pakubaira,
Ozosukawo zvevamwe.
Shoko iri rakavanzwa vakawanda,
Nhasi chikwambo chinodawo ropa icho,
Zvino chozoteura rimwe kuti uya mwene wacho ave neupenyu huri nane.

Chakavanzirwa vaya vanazvo zvikwambo,
Kuziva kuti ndezvenguva dukuduku,
Ndezvepano pasi chete,
Mwari haazvidi uye akasika zvimwe zvavangaite zviri nane.

Jesu Kirisito Mwanakomana waMwari,
Iro Shoko raMwari-mwene weupenyu rinoti:
"Huyai kwandiri imi makaremerwa ..."
Anotizorodza kwazvo,
Ropa rake rinokunda hupenyu hwose,
Rakasuka vanoda vakatenda,
Vanotenda nevachatenda kamwechete pamuchinjikwa,
Kwete zvemwedzi mumwe nemumwe sezvikwambo,
Munoti imi shoko iri ndere manyepo here?

Mbavha ndiDhiabhori anobira vanhu hupenyu,
Achishandisa zvikwambo,
Asi Kirisitu anopa hwakawanda.

WELLINGTON CHARIVANDA

Ndakakutadzirei?

Ndakabva kure,
Kusvika kwangu pano inhamo,
Nhamo haigadzi pasi, chigadzapasi ishuku,
Ndakapakasha kubvaMalawi, kusiya Zambia kuuya muno,
Kuuya kuno Dzimbabwe kwairira ngoma,
Ndakadya rangu ziya segarwe rakaramba chebamba,
Pari pai pandisakashanda?
Mumigodhi, mumapurazi nemumafemu vanondiziva,
Ndaiziva kuti hama maoko, cheziya hachina ngozi.

Ndakakuona Chokuda ndikakuda wakadaro,
Nyika yakusema, vongoti aravira oti indye haidyike,
Wakasara wave mvemve, vana vatatu mumwe nemumwe vake baba,
Akuti mai Shumba, mai Nyoni, ndiwezve mai Shava,
Zvese waingodavira yose mitupo izere mumba,
Wakadaro saizvozvo ndakakuda, rudo ibofu,
Ndakarikweva sanzu nemashizha aro.

Pfuma yepasi ndakanga ndabata homwe dzichishinyira,
Hama ndakasiya kure ndikati hakuna kwadzisiri,
Iyewe nevako vana ndakati ndimi hama dzangu,
Izvo iwe waingokwenya mhino nekasiyanwa,
Uchipuruzvira maoko senhunzi yakadzvokora chironda,
Wako moyo waiva pahomwe nerugare rwandakaumba nerangu ziya.

Ndiri mudzungu rerudo ndakakuvakira imba,
Vana vatatu vose ndakapinza chikoro kusvika kwazvakarehwa,
Vakagoti vagoni vakapiwa njere Zame achiita kuramwira,
Potse akanga aita mapodzi awira vasina hari,
Dzokei zvose zvapera, zvagadziriswa ndauya ini Bhiri Mari Matombo,
Dzava ngwere zvino vana newe modya namambo.

Ndava hari yofanzirofa, ndarukutika ndapera mafuro sesipo kuwacha,
Mwongo wapera mumabhonzo, simba handichina,
Rakaperera mumigodhi, mumapurazi nemumafemu,
Ndichibindukira iyewe nevana vako,

Izvirokwazvo ndakarwa kurwa kwakanaka,
Magara tekeshe, nhamo moita yekunzwa nenzeve.

Seizve kundibata neseri kweruoko nhasi?
Seizve kundiita suku nasai nhasi?
Seizve kundiona semutoro nhasi?
Seizve zvazojeka kuti ndiri mutorwa nhasi?
Heya munochenjerera mhuru musati makama!
Makama yangova suku nasai kumafuro mhou nemhuru yayo?

Dai ndakapiwawo angu mapudzi ndomene,
Wangu ndomene haaizondinyima sadza,
Iro ramunodai kurasira neimbwa ini ndichinonga svosve nomuromo,
Kwete, izvi kwete zvekuti nevandaisitururira matohwe,
Nhasi uno vondiseka maparapadzwa, miromo yoenda divi,
Hanzi mai onai zvekuita nemudhara uyu,
Akafuka rake oga zvingazotinetsa nemadzishe!
Madzishe aivepi pamaidya zvangu?
Pandinovata handivati dzedanda, ndinomuka,
Kumukira iyemi munodya zvevapfupi nekureba.
Tinopedzerana,
Handisi masvisvinwa edohwe anodyiwa achiraswa kunze kwemusha,
Makanakirwa newangu muto mondisvisvinira muchoto,
Hazviiti, muchandiona chete pakudzoka.

Zambuko

Mazvokuda here, mavanga enyora here iwawa,
Kuramba ndakati go ipo pano pandigere,
Vakangwara vachinditsika musana vachidarika,
Vachiyambuka kuenda mhiri, kumafuro manyoro?

Ndoti dhu-u kufunga ndigere pano pandigere,
Pfungwa dzotenderera, ndodzungaira musoro fungwa dzava besanwa,
Vamwe ndakavatakura zuro vakabira,
Zuro chaiye vakakwira nepangu pamusana vakayambuka,
Tende, vavako zvavo mhiri,
Ini ndigere zvangu pano ini Zambuko!

NdiZame here akandiita Zambuko neramatsvinyu ose-ose,
Rinobirwa chero navana Handionioni?

Vavako mhiri voridza zvavo chikuwe vachirovana maoko.
Hanzi 'Nhamo yeZambuko ndiyo setsi!'
Vakanganwa kuti ndini munyamuri, mupazvirigo,
Chipavhurire, Mapanedengu, Jekausiye ndini nyakusekwa,
Pasina ini hakuna zvose izvi, ndini mubvanazvo.

Ruri pano runozvirova dundundu, kutinhidza diti,
Ruchingoti dai kusiri kungwara kwangu pachangu!
Hapana anombotaurawo nezvangu,
Ini Zambuko muyambusi wevose,
Makumbazvese homwe yebenzi.

Ndichatsamwa rimwe ramazuva,
Ndatsamwa hapana anosvika pano.
Tione kuti mhiriyo munobira sei,
Zvamunodai kuchenjedza vanyamukuta,
Imi kuzvara muchada,
Hezvo mokanganwa enyu manyana angafa ari murima ndatsamwa,
Neangazobirako mhiri hakuna,
Remekedzai Zambuko hama vadiwa,
Vanhu tendaiwo muchero ugowa,
Zambuko rine basa guru rekuyambusa rudzi.

Kuchema here?

Nedzoi mbuya vaTasara, tikubatei maoko,
Zvamadai kukandwa musheche mumaziso!
Kusiiwa nemwana mai vaTasara,
Muchisiirwa iye Tasara mucheche, rusvava,
Ii-i marwadziswa vasikana, magurwa kunorira,
Kusiirwa rimwezve here basa vasikana?
Tikuchemei.

Ndikarangarira nhamo iya vasikana,
Makanonga svosve nemuromo makayaura,
Kuedza kuruvira yauyoyu arere yechikoro,
Rwendo ruya makapedza gandiwa rese kusakura,
Maritarirwa naVaBhiriki muchipiwa pondo shanu,
Akagozobuda nei zvakwaingova kufira dhongi rakaora?
Yakasungirwa pagumbo rengwena ikaenda madhongi achikuma,
Moyo wangu unorwadza vasikana!

Nemiwo hamungambozvikanganwa,
Seiko mai Tasara ongorambokuchemedzai vasikana?
Ii-i marwadziswa vasikana,
Chiregai ndibate vamwe maoko panze.

Regai vacheme vaungudze vasikana varwadziswa,
Ndirozve raiva denga ravo mai Tasara uyoyu?
Tikubatei maoko,
Zvinonzi zvese zvaidyiwa nekupfeka ndiye,
Havangaregi kuchema vasikana varozvwa namarufu,
Nedzoi, tikubatei maoko,
Zvinonzika akazofa ava mukonikoni nekuonda Harareko,
Takubatai maoko here apo vasikana?
Nedzoi vasikana,
Ii-i zvamai Tasara vasikana!
Zvichazikanwa here zvemazuvano?
Hino kana zvirizvo, a-ah regai vacheme zvavo,
Zvinogozivikanwa here zvichida naiyeyu Tasara asara,
Asara nachovo chakapedzambudzi chichifamba mutsinga dzake,
Iropa rakaipa raitwa nambuya vaTasara vasikana.

Havangakoni kuchema zvavo mbuya vaTasara.
Vakazviti dhu-u musoro unopisa, unoshinyira,
Kana zvikagodaro kuti Tasara anorwarawo,
Bva nhaka vacharima zhira minda ichisara zvikwitiri,
Ringava basa kuenda Ndanga mwedzi nemwedzi,
Mwedzi wega wega kurukaka rwendo kumangai emumagaba,
Zvino hamuoni kuti pangamuka basa vasikana?
Regai varidze zvavo mhere.

Bva zvingarwadza nesuwo kuona vachirera rufu,
Cheropo akasava nacho chipuka chachocho,
Ndopaachazokura nekuvashandira herepo?
Pavakati mha-a ipapo vachipo here?
Haiwa anozoshanda vatotsamira churu kare.
Vakaisirwa kurera pasi pezuva mbuya vaTasara,
Zvekuti chirere chigokurerawo zviya-zviya,
Pana Tasara hazvina chimuko, kungorerawo,
Chavo hapachina mbuya vaTasara,
Chembwa chabvepi tenzi vararira mungai,
Kwangovawo kuchena mwoyo denga rine meso,
Bva-a ndezvameso,

Muromo zvinyarare.

2008 paMarabastad

Ndakati dhu-u ndikati haiwa apa pamuzinda,
Pamuzinda wemapenzi chete paakaungana.
Zvauri murwi wemitundu, mikwende yedzipi mhando,
Vamitura vana veDzimbabwe kumbotura befu.

Mune kurongeka mubvongonyeramo,
Mumwe nemumwe anoziva wake mukwendepo,
Rega zvako kuti ndazviwanirapo,
Maisvokwadzo nyemba dzatsva dzarungwa,
Kunonga chumi parufu nechema zvovharana,
Unoitwa kafiramberi muchirwirangwe.

Richibuda vanounganidza mikwende,
Murwi mukurukuru dereredzwa remitoro,
Havo panda, aziva kwake aziva kwake,
Sevaramwa vose vopira makotsi,
Koendwa ifungiramumoyo rwendo rwembwa.

Muswere variko kwafumoendwa,
Runondopemha ikoko ndirwo,
Runondoruvira ruchidzoka musana uchipisa ndirwovo,
Hakudanwi anonzwa, hakuiswi mhino,
Zvakuri kuona nhamo uchitiza nhamo!

Rapinda muna mai varo chirega uone mazauone,
Muromo chinyarara meso anoona,
Rava besanwa zvino pamuzinda Marabastad,
Zvoveswa zviveso zvemoto wemapuranga,
Robikwa mumagaba seramatumarumba,
Vaviri vaviri, vatatu vatatu, paukama nepakunzwanana,
Rinodyiwa haro chinyararire, chimhukutira,
Mafunga mafunga parere nzuma ichifunga chakadya dzayo nyanga,
Hana dzichirovera hama neshamwari dzakasara Dzimbabwe.

Kuvatai murakatira chakapedza mbudzi,
Pamhenepo mhepo ichifura ichifuridza?
Vari Dzimbabwe vanoti mukoma ari Joni,

Yedu yose nhamo ichapera kuti tsvai angoti gidhi pano,
Waziva ndiani kuti imhezi yavavira mumoyo,
Nemakwenyero hapana achaziva?
Mai vatsva dumbu mwana atsva musana.

Zvazvinodai nhamo yemumwe hairambirwi sadza,
Vamwe muzvi uno, mumipendero, mumasokisi, mubhadhi,
Pamwe paiko, irimo mari mayakakotswa.
Bhanga ravo ndivo vomene,
Pazvakwidzira vorukaka rwendo,
Kudzokera Dzimbabwe kune avo mavambo.

Vhiki pondo, mwedzi tegu, gore bha-a!
Varipo paMarabastad chamuka chabvepi?
Chiri chii chisina magumo pasi pano?
Marabastad sara zvako tiri makara asionan

Takamboedza

Kunoudzwa akaudzwa nedenga kare,
Hadzirimi nzeve basa radzo kunzwa.
Dzinganzwa nepi zvimiti zvizere munzevemo,
Asika rinofa ndiro risina nzeve.

Pendeke takabvira kare kuraira,
Dai zvekutaura zvaiitisa mhoni pamiromo,
Yedu angadai angova maronda asina urwa.
Dzake nzeve takabvira kare kuruma,
Nemasoro tichirovera, bva zvakagotipei?
Dzake nzeve akaramba kuteya.

Takati nemumwe Pendeke mwana wekubereka,
Zvikanzi ani angamira nemumwe sehowa mukore uno?
Takaudzwa meno amire, takachenamirwa miromo tikasona,
Kwanzi seizve kushaya basa kutsengera imbwa matohwe?
Hanzi mashaya basa here kuita hwepwere kudzidzisa mbuya kukuya?
Tikati mwana takabva nako kumhunga hakuna ipwa.
Zvikanzi makasiya dzisati dzamera, dzavako saraude.
Neremuromo takarishaya tariudzwa rekufuka nekuwarira.

Hoyo tande kuChiredzi, kwakaenda mbwa ndekwakaenda tsuro.

Takaziva kuti kure ndekwemeso nzeve dzichanzwa hadzo.
Zvedi dzakanzwa,
Nguva ngani takanzwa Chiredziko aita mbiri mbiri semhiripiri,
Yakati kutsvuka ikati kuvava horwo ruvava.
Rwake rwemarokwe akati handei narwo,
Rwokubawo rukati tasarirei kunoenda vamwe?
Dzokei zvowandira vaChidzva vakati mhanza vakati mavende.

Chikange chooririsa zivai choda kuparuka chingoma.
Pendeke akanga ozvinyanya Chiredziko.
Vanoti airara peimwe pfambi achindoswera neimwe,
Vanoti yanga yava shasha kugara maoko,
Kumaredzva maoko ndiwo wakanga wava murimo,
Zvaibiwazvo ndozvaipiwa pfambidzo, ngwena haidyi chebamba.
Idzo dzichiti ngwena yakazombodya chebamba kwani?
Chayo chinoza neronga iyo irere zvayo.

Zvakazoti zvaiwana ngwarati kwazvakarehwako,
Shoko inhondo rinoputika richienda chinhambwe,
Kwanzi Pendeke angosara musoro, chakazobaya chikatyokera,
Chakawana hama hachisekwi zvacho, moyo yedu yakavira seshambakodzi,
Takamutuma muzukuru Tinarwo kuti andoona evake mabasa sekuru,
Pakudzoka kwaTinarwo naye Pendeke takagurwa kunorira,
Ndiye here Pendeke Gakamukova, muzvinda, hwendefenene yerume yaikanyaira?
Takamuchema achanzwa Pendeke, hoyo aenda kwamupfiganehwe,
Tongochema tichiti: indomene, mazvokuda mavanga enyora.
Nazvo chati homu chareva,
Panorairwa washe nevanjo, newe muranda teerera.

Zvatanga

Zvatanga zvisikana zviya, inzwa!
Wazvinzwa here zvikuwe kuchibhorani?
Kuseka kwacho maputi muchaenga,
Nechinopwipwinyika unochishaya chokwadi.
Kusekai kunenge kuimba mukwaya?
Hanzi 'ke-e- ke-e-e hu-u- rii!'
Imi! Isetswai dzinosetsa nemusekero mumwe?

Zvakokorodzana mumisha sezvinoenda kunhimbe,

Netumigomo muhapwa kufamba sekukavira nyimo.
Ndazviona zvechidimbura nenzira yevekudzoro,
Ndashaya kuti zvotsvakeizve kumabvazuva, icho chibhorani chiri kumavirira?
Hezvo, zvodimudzira nezasi kwematanga.

Chavavarirwa ndivo vafudzi vaya,
Vanzikwa miridzo vodzoka kumafuro.
Chakata kutsvukira mumuti hunzi ndikuzhiwe.
Zvaari manditeverwe anokonzera izvozvo,
Mhandara dzoridza mitsindo dzichidarika pamajaya.

Zvazvinoda kuridza zvikuwe ikoko,
Zvigere pamigomo zvichizuwa dzose,
Kumba nemoto hauna avesa,
Ndiro nemapoto anongova mamhorodzi,
Ufende pamusha pahwo, pamuzinda.

Tidzikamirei muti tyo iyemi zvisikana.
Vakadzikama vane unhu hwechivanhu,
Ndivo vanogutsa mwoyo nepfungwa.
Kwete zvisekeranzira zvinopwipwinyika kufadza miti neshiri.

Ndiani angadawo kukwezvwa nezambuko rematsvinyu ose?
Guyu kutsvukira zvaro kunze pakuriona,
Maro mukati ibesanwa remasvosve,
Dzikamai vasikana, hapana damba rakaorera mumuti;
Mukukwana kwayo nguva rinongoti rega dhii raibva.

Mombe mumunda

Nhaka kurima takanga taita maoresa.
Chibage muchechetere ziendanakuenda,
Neaiona aishaya neremuromo, mate mukanwa papata,
Ndiyoyi minda yevene, Zame achiropafadza,
Mahupi kape kupakata, munda wese sewakaiswa churu,
Mapire ake akada zvake Zame, unosekerera.

VekwaMambo ndivo vakazotivhangira mukaka tichada kuseva.
Vakaticheka nerakagomara vakatibaya neparufiro,
Vakadziregedza mombe dzikazara mumunda, tekeshe,

Maitiroi enyu vekwaMambo anorwadza kunge ronda repamunyepfu?
Sei kuregedza mombe kwavamwe semusakarimawo?
Wepenyu pamuzinda asingazivi kurwadza kwebadza ndiani?

Yaita mhezi yavavira mumwoyo, chikangaidzo.
Makwenyero ashaikwa ndoziva ripi nhai mambo?
Gudo guru peta muswe vaduku vakuremekedze.
Mbwa dzavozve Mambo maitiro ndemamwe,
Dzinongovhimira mumazumbu nemuzvirungu zvavene,
Tofarirepi?

Anombova maitiroiko anoitwa nevekwaMambo,
Kutadza kukoshesa zvevenesevasina zvavowo?
Heya iyemi mai ndimi mongogocha henyu?
Bva kugocha kunonaka kuri kwemhandire,
Idzo mhandire dzacho dziri dzenyu pauzima.
Batai mbwa dzenyu mambo batai,
Mombe mumatanga ndapota pfigirai.

Dai dzaivhima rakacheka nyika zvainge nane,
Zvino zveusiku izvi tivete zvatishaisa zano.
Nadzowo mombe dzenyu kukara ruvava, chikatyamadzo,
Dzinorariroshakasha mune yedu minda tiri nyikadzimu,
Ko dzinotyei kufura masikati chimhene nyika ichiona,
Undyire hwenyu nyika yose igoziva?

Hewo mubvunzo vemana,
Achatonga Mambo ndiani pakati penyu?
Angamudenha ndiani angamugadza chivara?
NdiMambo,
Hunzi anoita zvaanoda nyika nevanhu ndezvake.
Dare hamugadzwi zvenyu Mambo Mutekwatekwa,
Asi zongororo kugonya kugonya zvaro,
Shungu pakadzika pemoyo ndidzo dzaribaya.

Kana mada kuti ndiyeneke Mambo,
Kuzvireva ndikanzwa nenzeve zvinei?
Dzinonzwa hadzirimi wani?
Nzira igumbu nyika mukanza,
Asi kana dzenyu mombe dzichipo, muchinadzo,
Imbwa dzenyu richiri gumi nefararira penyu pamusha,
Vose vanhu vemutunu uno vachagarochema nemi,

Yavo misodzi minamato inobaya narini.

Kumusha kwangu

Zvamunogogaroti kumusha kwangu misi yese!
Ndepiko mbuya vaHoruno kwamunoti kwenyu?
Handina kusiya ndapisa musha!
Kuno makauya kuzoshanya here?
Bva kana kuri kushanya makaita hwebete rawira mumukaka, magarisa,
Mungadai makaeneka chando chisati chasvika.

He-e ndinoenda kumusha kwangu ini!
Uchipi musha wazara vene?
Pamushapo patova nevanoti ndepavowo, vehwo chaivo.
Nemiwo muchisvikapo hamuti vepano,
Vepo vachidavira kuti svikai?
Venyu varooraka vatovawo nevavo,
Iyemi pano matova nevenyuwo varoora,
Makuva maviri evenyu vabereki,
Anoitirana nharo arimo muzasi memuchakata,
Yamai venyu imba rave durunhuru, murwi tukutuku,
Zvino kwenyu kumusha ndekupiko mai Nhiya,
Zvamunoramba wenyu chaiwo?

Ipo pano mbuya vaHoruno,
Ndipo chaipo penyu, zororai,
Dzikamai, porai mutovaka pano mudzike midzi,
Tambararayi zvenyu serunyemba,
Kwangu kwangu haivaki unomira musha,
Zveshure angova manyautsamukanwa eharahwa kurota ichiyamwa,
Ava matakadyakare, haavaraidze mwana,
Chitii tyo-o pamberi pepwere mupfavire ngoma, makura.

Zvekuri kushaya mano kwatizirai,
Dai madzimai ose enyika ino,
Aiti oenda kumusha kwakabviwa,
Vose vaindowana mamai aendawo kwawo kumusha,
Dzokei misha yose yazara madzibaba nevana bedzi,
Ava vana mai Horuno vacheche vangagodzidzei,
Kana imi mogara bango riri munhava?

Sungano yewanano Chirambakusakara mutanda webhasikoro,
Kudududza chiregai, tarirai mberi,
Musavaka muchiputsa, haungadziiwi mwoto musha wacho,
Zvikanzi vepano davirai nemufaro hana yakachena,
Zvingarema hazvo zvemudzimba umu,
Semitoro tinotekaira takaitakura mikwende yedu,
Izvozvo ndizvo zvinoda Zame omene,
Zvaakagodero kuti chaabatanidza omene, hwava utare mushwetu,
Saka pano ndipo penyu, zvinopupurwa nyangwe nedenga.

Hama yangu

Ndiani chaiye wangu pachangu,
Wandinoti wangu zvangu hangu?
Moyo wangu wabaiwa wosina ropa zvizhinji,
Ndichagonyaradzwa nani waani nhasi?
Ini ndabaiwa panyama nhete, parufiro,
Neuya wandinoti ndewangu hangu.

Wangu ndewangu pachangu,
Pane vane vavo pachavo,
Ini ndinotiwo ndine wangu.
Ndakamera zenze kumusana tukutuku,
Semunhuwo ane wake zvake.

Bva-a ndorwadziwa ndobaikana,
Zvinoyuwirisa nekukododzvora moyo,
Kuti uya aifanira kuva wako zvako,
Aifanira kumira newe panyatwa,
Ndiye oita iye muunzi wenyatwa,
Muunzi weyangu ngwavaira teteguru venhamo.

Mukuvimbana pachedu zvedu imomu,
Ndimo mabva edu makuva zvedu imomu,
Vazhinji vakafa nazvo izvozvi,
Zvekuti tiri pachedu hedu, paukama hwedu,
Paushamwari hwedu tega tega zvedu,
Uyu ndewangu weukama hwangu zvangu,
Ndiwe wangu chaiye hama yangu,
Kwatongova kusvinura pose-pose,
Shanje neutsinye zvati tekeshe nenyika yese,

Zvakadirwa naDhiabhori semuchetura mutsime remvura,
Veukama vanyanyisa masimukatienzane,
Kupingana ndare hakuchapera,
Ngazvigadziriswe titambanuke.

Chisara mwanangu

Ndoenda mwana wekubereka,
Usandibvunza kwandinoenda neniwo handikuzivi,
Ndinovimba airevesa hake mufundisi paya,
Paaiti kune dzimba dzedu dzendarama kudenga,
Ndichafara ndapinda mune yangu mwanangu.

Ndakaedza kuraramira She mumazuva angu ose,
Handaibata madhaka pasina mvura wakazvionawo,
Ishuviro yangu kuti zvichida wakadzidzira pamuonde,
Handina kukuruma nzeve koga mwanangu,
Ndakati uite zvenzwirapamuviri tsvimbo yarova dapi,
Uzvionere wega pamhino sefodya.

Handina mangava nemunhu unozviziva wakazviona,
Chekuchema pandiri hapana, sara newe uchatevera ako akwanawo mazuva,
Chekuroverwa nehana hapana, dzikama,
Sunga moyo negavi uti shwe-e, uri murume,
Iri boka rasarira iwe mwanangu,
Uchanzwa nehanzvadzi dzichikuti baba zvino,
Chiva murume uve baba chaivo,
Ndigozorora murugare ndakadekara,
Ndichiziva kuti panyika ndakasiya chikakarara.

Usatambudzika zvako mwanangu,
Ndichizvarwa handaiziva kuti ndinoendepi,
Pandakabva mune raamai vangu dumbu,
Zvepano raiva rima kwandiri,
Ndakatozozviona ndauya pane ino nyika,
Ndizvo, nerufu handizivi kwandichasvitswa,
Zvose ndichazviona ndasvika kunyika iyoyi.

Ava mai vako vachapukutwa misodzi,
Nepfungwa yekuti uripo mwanangu, Tanaka,

Usipo yaigara iri pamatama misodzi,
Hova mbiri dzaigaroerera paavo matama,
Chimwe chitekesi chimwe chisipo mwanangu,
Kufa kwehosi inosiya imwe, chibereko.

Handikuvimbisi kuti ndichakubatsira mwanangu,
Kwandinoenda handikuzivi, chandinoziva chete handidzoki,
Zvepasi handichazvidi, handidzokizve,
Usapedza hako zvako zviyo uchiti ungandidzose,
Handidzoki, ndinoenda zvachose.

Zviyo rima uchibika sadza nemaheu,
Zvekuti ungandidzosa, kanganwa uzorore,
Rodza dzako pfungwa, ugwinye kushanda neako maoko,
Uregogaroti midzimu yakufuratira,
Ndagara ndakuudza, uzvizive handidzoki,
Handikutariri ndafa, rega ndizorore,
Pandakabata ndakabata, ndakasakura ndikazunza.

Ndinokuda unondida mwanangu, asi ngazvipere pandafira.
Ida vapenyu ndivo vanokudawo ini ndaenda,
Rwako rudo kwandiri chisara narwo,
Varipo vanoruda vapenyu, vape ivavo usatsonza,
Ini rega ndizorore, ndaenda mwanangu.

Nyenyedzi inopenya

Inopenya zviro kwazvo inopenya, inovaima,
Ndakaiona ikapenyera wangu moyo,
Chinogutsa chinotanga meso vakareva,
Angu meso akapenyerwa akagutsikana,
Chiedzacho chikapinda nemune dzangu pfungwa,
Remuromo ndakarishaya rurimi rwasungwa,
Manakiroi anodzimaidza munhu kudai kunge wabatwa nechadzimira?
Ndenge ndarohwa nezvousiku ndakayeva,
Ndakaiyeva iyoyi nyenyedzi inopenya, nyamatsatse.

Pandakamuona ndakarohwa nehana kuti bamu,
Ndikati heya vekumatenga kuuzuru,
Vanomboshanyirawo pasi rino!
Ingirozii inogona rwaamai vangu rurimi?

Nyika yaterama denga nepasi zvoyanana!
Neushingi muromo uchidedera,
Mabvi nemaoko dzichingova tsanga dzemunaZambezi,
Ndakaribudisa rerudo ndokumbozvitarisa kuzviringa,
Ndakati ndini here ndataura izvi kune izvozvi zvitambo?
Kune iyoyi nyenyedzi inopenga zuva rakacheka nyika?

Musiki ndinogaromupa rutendo,
Akasika zvikomborero zvepasi nedenga,
Asi panyenyedzi inopenga yangu yiyi,
Akaita maoresa kushereketa nekudavadira,
Ndinomutenda nemabvi nemagokora siku nesikati,
Akandisikira muteyazuva wangu rundyi rusitunge nguwo,
Weuso unjenjema tsika pari pamuzinda,
Inopenya masikati neusiku nyenyedzi,
Inopenya ichiunza chiedza nemurimamo,
Inokanda chadzera chinounza mufaro,
Nokuti iyi inyenyedzi inopenya.

Pfungwa dzevamwe

Ndinorwadziwa chose pamweya wangu,
Nevakadzi mafuza vasingazivi,
Kuti varume havasi vemunhu asi vevanhu.
Musiki ndokuita benzi zvaariko kudengako,
Kudenga rake nengirozi dzake vanaGabhurieri,
Vakati vakadzi vawande kupinda varume?
Aiziva zvake kuti tichagovana varipo ivavo tikakwanirana.

Itsika yaNyadenga kuwanza zvikadzi mufunge,
Mishuku mujiri rose nekuwanda kwayo kose kuya,
Potse ungawana mitatu mikonho, mimwe yose iri mikadzi,
Handira mudanga ndeimwe, mhou nedanga rose chechetere,
Mukono weshumba ndomumwe, hadzi rufaya,
Jonjwe rinokukuridza pamba nderimwe,
Mhambo nemusha wese ifararira.

Vamwe shanje hausundi, ruvava,
Kuona murume achinanaidzana nemwenga auya,
Chitsva chitsva hachienzani nechisharu vasikana,
Imi mukagopfeka zvenyu zvitsva wani,

Kaviri nekatatu pasvondo semusina zvimwe?
Chichasakara mugochipfekawo semapfekero,
Aya amaiita zvimwe zvese zvitsva.
Asi zvisinei ipfungwa dzevamwewo.

Chikoro ndechei kuvakadzi nhai vanhu,
Ivo vakanzi naMwari renyu basa kuzvara?
Murairo weziya ndewevanhurume,
Chedu vakadzi kuzvara vana tizadze nyika,
Vanhu vawande semucheche wegungwa,
Vana vechipikirwa vawande senyeredzi,
Asi zvisinei ipfungwa dzevamwewo.

Ndinogurwa kunorira nemaberekero azvino ini,
Hamuchadi, matiregerera madzimai.
Mongodunga shangadzo dzezvipatara!
Mwari anoda vanhu ndapota berekai.
Iri yako huku ikachochonya zviviri,
Zviviri zvoga, mungachena mwoyo here vasikana?
Zvino iye Tenzi mwene wevanhu ndiye wamati adii?
Zvaariyezve muridzi wezvipenyu zvose zvepasi?

Kuchipatara handitsikiko nedzangu idzi,
Iye Nyadenga ndiye murapi wemarwadzo ari api,
Akamutsa nanaRazaro mumakuva,
Takazvinzwa nezuro kuSabata zvichiparidzwa,
Mutesitamende yakavhurwa yatakaravirwako,
Angazokonewa sei kutipa zvedu?
Kana ndafa, bva-a ada hake kunditora,
Handivhunduki kufa, kufa kufuma!

Zvinoshamisa asi ndizvo zviripo,
Bva-a zviviwo kubara chinofa chichichema chakakutarisa,
Zvasanduka, kare nanhasi zvasiyana,
Vanoda kuzvarwa vanogonekwa kuriritirwa.
Warwara kuti urarame enda kuchipatara,
Chipatara izano raMwari kuraramisa vapenyu.
Zvinodadisawo kuva newako mumwe wekumira naye,
Gurumwandira rinochemedza vazhinji,
Iro sadza rekubvutidzana harigutsi,
Riri rako unoridya pamadiro, hautyi kupedzerwa,
Chako ndechako, kuseva unosiya muto.

Nanga nanga

Zvaiva makara asionane kare.
Pakubvoruno aitambira kure kare.
Pokupinda napo pakanga pasina pakasungwa neutare.
Taimuona achinyenyeredza akangoyeva,
Aiedza kuswedera kutya riri dera.
Aimuziva Kubvoruno kuti pake pangamuperera.

Isu tichizviona taiti zvikara zvizezanwa,
Shasha mbiri dzaidzvokorana dzichizezana.
Aimutuka achiriko kunze kwemusha Kubvoruno,
Naiyewo aibereka tsoka achienda kwaakadheerera.
NaKubvoruno zvakanga zvakarimirana kumuganhu.
Aimuvenga kwazvo achiudza vamwe nezvake.
Aingoti zii muromo uri mumhino,
Aigomudii Kubvoruno iye asina chake?

Aiziva zvake kuti sango rinopa waneta,
Rambei ongoengerera pasina kuteta,
Segondo raona mhambo ichigugudzira nhiyo.
Heye ongorwerwa mate achiswederapo,
Pakubvoruno paaigarodzingwapo siku nesikati!
Nevana vakanga vatorumwa nzeve kare,
'Mukamuona osvika popotai zviende kure',
Yakava ngoma ndiyo ndiyo ndambirira.

Rune nharo ndichandagwinyira rufu,
Parusingadiwi ndipo runoshura mare rufu,
Haruvhikwi, runonyadza, runogura kunorira rufu.
Hoyo aenda netsaona yemotokari Kubvoruno nemukadzi.
Zvahuri urombo hwayo mhembwe kufa nemusungo.
Tochiona kunowira tsvimbo nedohwe zvino,
Zvaaimuvenga achimudzingira kunze kweruvanze,
Nhasi zvaenda haangadhereri vana here?

Pamariro akauyawo akaita chisodzimate ari mugwenzi,
Hapana akamuona asi aivapo ari mugwenzi,
Mune wake moyo mairira chingoma cheJerusarema,
Akafara akarasa dembe pamariropo.
Kana pane aimuona aingoti nazvo kanha.
Achipera mariro anga ava pamukova,
Nhasi ndinorarira navo, ndizvo zvaiva mundangariro.

Vakamuona vana vaKubvoruno vakadomutuka.
Akanyemwerera achiswederera sembwa ine hasha,
Dzokei dzevana hana dzenge zvingoma.
Mai vavo vakamuona achiuya vakashaya zano.

Aingomugona ndiKubvoruno aimukira,
Zvaenda vana vachapedzwa naye.
Munyamai kusiiwa ari majezana?
Havo danga tsvai, midziyo nemunda zvese,
Kuedza kuti atize mumba asi zvakashaya shumo.
Rambei adzika midzi mumba maKubvoruno,
Aigaroshaura kuti ndoita madiro nyika ichimunzwa.

Vana akavarambidza chikoro ndokuvaruvirisa,
Zvekupfeka akarambidza zvitsva akati chavo mazitye,
Chepamuromo vaichiona meso atsvuka.
Kutsvinya akanga iota madiro mwana wevene,
Aramba ongoti nanga nanga nevana!
Takazviona tikati zvechokwadi urimbo,
Paada, paabata haaregedzi nhamo,
Aimugona ndiKubvoruno achipo achanzwa,
Zvino nhasi nemhuri yake zvanamirana.

Kuchitoro handi kuchikoro

Pamaiti zo-o nenzira nenzira yekuchikoro paya,
VanaNjuve vaiti tande nenzira yekuchitoro ipo paya,
Kwavaiswerotamba mimhanzi pavhuranda rechitoro,
Vapedza kugwesha nenhanzva paruware nekutamba kiya.
Imi maswerovhiringwa nemasvomhu anovhiringa pfungwa,
Yavo misoro yaiswerovhiringwa nembanje.
Dzakanga dzarwa nzira, dzasiyana zvachose,
Imi mune yenyu ivo vane yavo.
Dzose hadzo dzaisvitsa, chaisiyana ndekwaisvikwa,
Imi kuchikoro, ivo kuchitoro.

Iyo ino nguva ndipo potoona zvino,
Misiyano yevekuchikoro nevekuchitoro.
Havo vekuchitoro dzenge harahwa dzinodevairapo,
Kumira navo nyange mungava vezera,
Venge vana baba venyu, vakuru vaya vakare-kare,

Meno mumiromo dzenge tsubvu kusviba kuti ndo-o,
Kunhuhwa igasekase, bvungupfungu rechidembo,
Zvabatana minhuhwi yefodya nedoro, hakuiswi mhino,
Man'a mutsoka hero basa, kamba yaani!
Agozokwesha wobvepi angamawanira nhambo,
Mwoyo nendangariro zvakatorwa nemukombe.

Hanzi vanaTaurai modada chose mazuvano.
Kwanzi ungakona nekunditengera mudzanga zvawo!
Kurwara kwakadai kwakakona n'anga.
Naiyewo murapwa wacho haatodiwo kurapwa,
Akanganwa nhasi kuti nhambo dzinoenda chose,
Vamwe pamaienda kuchikoro ivo vaivepi?
Inziraka dzakasiyana hama, vakaibopa nekumuswe.

Makabureiko kuchitoro vanaNjuve,
Zvomonetsa vamwe nekukumbira fodya?
Dzedu homwe tikasatosunga tinowana manokora.
Kusaziva kuti iyo mari inodai kutenga nhasi,
Mviro-mviro yayo kuchikoro kunobva dzidzo,
Dzidzo inopa vanhu mikana yekushanda mumabasa,
Kushanda zvine ungwaru hwatsuro magen'a.
Kutanga enda kuchikoro nevamwe usati waenda kuchitoro nevamwe,
Ndizvo uzofambidzanawo nenguva nebudiriro yeupenyu.

Ndoita munamatiroi?

Ichokwadi kuti ini ndiri mutadzi,
Iyeni ndiri mhombwe, kuba ndipo pamusha,
Ruvengo nevamwe bhe, makuhwa negodo pamuzinda,
Bva-a ndakatombonzwa vamwe vachiparidza,
Pandaipfuura nenzira yekumasowe uko,
Zvanzi vatadzi havapindi denga rine goridhe,
Ichokwadi ndikati nyengu pano handingaripindi redenga gedhe,
Ndinoda kuchinamata zvino, ndicheneswe.

Ndotangira papi zvino?
Sekuru Nhunzi votiwo muzukuru teya nzeve,
Vanokusvitsira zvichemo kuna Zame,
Vadzimu vako, vakuru vakatungamira kare,
Kareko taibika madoro, kudeketera tichikanda fodya pasi,

Masvikiro aripo achitibatsira kutaura nevari pasi,
Ukafa vadzimu vako ndovanokusvitsa kuna Zame.

Apo pane imba yakanaka kwazvo apo,
Inonwisa mvura, yakanaka kwazvo kupinda dzimwe,
Ndakamboti vhu-u ipapo ndiye mukati mayo nyengu,
Chiverevere ndanzwa shasha dzechimbo manzwi kuimba,
Zvoparidzwa zvikachigozonzi paya nevakuru veimbayo,
Mai Maria ndiyo hosi yedenga inotibatsira pakunamata,
Vanotisvitsira zvichemo zvedu kuna Tenzi wedu Yesu Kirisitu,
Ivo Mai Maria ndivo mai vaMwari,
Iyesu toga kunamata hatingagoni takatadzira Mwari,
Ndakazobudamo ndoshaya chokuziva,
Ndodini zvekunamata ndichizvidawo?

KuMasowe kuya ndakaendazve,
Rwekutadza rwaramba rungori rwuyo, ndambirira.
Zvikanzi zvinopera nemuteuro wekutanda midzimu nemashavi,
Mwadhi dzevaKorinde siirai vaKorinde,
Mwari weMasowe unotiudza zvedu pano pakare,
Pano bhuku hatidi, muradzwa wakare-kare,
Kudyirei munya rinopisa riripo pano?
Nenhombo dzemuteuro dzatinokupa pano,
Unotonamata Mwari akakunzwa zvikakunakira ipo pano.
Ndakabvapo ndoshaya nechekuita,
Ini ndichida zvokunamata ndomene.

Vamwewo vakandisvikira pamusha, mumba chechetere nemabheke avo,
Nemabheke avo azere mabhuku anokwezva moyo,
Ane mifananidzo inoyevedza chose, kuvaraidza pfungwa,
Ine shumba dzinotamba nemakwai pamafuro manyoro,
Vanhu vachipuruzvira zvipembere, ingwe nenyati.
Zvikachizonzi zvedenga ndezvevaJudha vasangurwa,
Isu vatsvene vemarudzi tichagara muparadhiso idzva pasi pano,
Tigere murudekaro tichipona nemirivo nemichero,
Mirivo nemichero mubindu zvisina kubinduka.
Ichokwadi here isu vanhu tigere pamwe neshumba?
Ndichazivei ini ndichida kunamata?

Avo vaunonzwa avo muziimba jena guru,
Vachiimba vachiridza madhindindi nemagitare,
Vakambondikoka kwavo ndiye hutu ndaendawo,

Imomo ndakaona mashura nezviratidzo,
Runonamata ruchichema, runoumburuka nekutomhuka,
Imiwe zvaida muripo!
Rambei ndangositi tuzu meso dzvondo sechidzvororo,
Rambeiwo wavo munamato wangova mutorododo rwiyo rwegurwe.
Parakazoparidzwa zvikanzi pano pana Mwari,
Iye Mwari watinonamata mukuru-kuru,
Hanzi paari hapana chinononoka.
Akazopupurawo Juro oti akaruonawo ruoko rwake,
Kwanzi ndakauya ndine ronda risingapore pagumbo,
Vanga racho iri, ronda rakaporera pano.
Ndakarionawo vangaro ndikavhunduka.
Nechomumwoyo ndokuti rwendo ruchakarogumira pano,
Ndichapupura zvivi zvangu zvose ndinamate,
Bva zvigorevei pavamwe vokwangu?
Kana ndoti handichisiri wenyu ndave waShe,
Pamunoungana pamagadziro nemabira kumushako,
Itai zvenyu ndakatengwa neropa zvingabuda?
Vangazvinzwa vekwangu vakazvitenda?
A-ah, hameno tozozviona nokuti ini ndinoda kunamata.

MUNYARADZI MAWERE

Hope dzangu chinyemunyemu

Ndiriko kunyika iri kure ndinorota,
Ndichirima bindu remichero yendudzi,
Dzimwe nguva ndiri sapurazi muridzi wen'ombe zhinji,
Mukaka ndichikamira mumakate nemumarongo,
Nyama ari machakwi, pamutariko midzonga ndandanda,
Kungoti kwangu pepu hechino chinyemunyemu!

Kungoti kwangu gada, dzauyazve,
Dzinondirezva kunyikayo somucheche,
Pano ino nguva ndiri muzvinabhizimusi,
Ndiri kurongedza utwo neutwo mune changu chitoro,
Iyo mari patafura yomukati warara, enge mapepa,
Vashandi ndichituma zimudira,
Kungoti kwangu pepu hechino chinyemunyemu!

Kungotizve pidigu ga-a,
Chauya zvakare chikomana chemanyemwe,
Chiya chokuriga Ishe padare,
Hezvo chondirezva nemavara seshato mugura,
Hecho chonyin'inyira senyuchi pamaruva,
Kuri kutsvaka kunditakura, neni ndiye hutu,
Ndoendeswa kure kure kunyika nyoro iyo ndisingamboziva,
Ndoona ndigere pachigaro choushe ndichitonga vangu varanda,
Iwo angu machinda akangoti ndandanda, kudedera herwo rukudzo,
Kungoti kwangu pepu hechino chinyemunyemu!

Kuzvifunga rangova gangaidza mukwenyi mhezi yokumusana,
Ndozviona ndiri chidyamafuta chisingakori,
Kanaro banga rinocheka nyama asi waro muturu uchiperezeka,
Ndoita hwesipo here kupera ichipupuma furo?
Kana hwederere kupupuma iro riri gama?
Changu chinyemunyemu chotoda n'anga kushopera,
Dzemwoyo shungu dzisati dzandiita hwemudzipanyota.

Nyikamupengo

Ndini uyu, vhu-u!
Ndasvika zvangu munyika yavaridzi,
Nyikamupengo,
Nyika izere navose vanorwara njere,
Kwete kurwara zvekuenderera aiwa!
Vanoita hwemurwaranguva.

Ndini uyo go!
Ringaringe ndotarisa,
Chinzwa dzotaurwa!
Runomwa mvura inotutuma,
Runovesera moto mumuromo,
Runoseka,
Runopopota,
Runotamba chikudo sevana vadiki,
Runogegedzera,
Rwakangoti mwi-i,
Musanganiswa.

Ini ndiye simu!
Aah! ko zvandarasikira kuNyikamupengo?
Ngomahuru inoparamuka!
Ndiye wangu musoro kwenyu-kwenyu,
Chitsoka ndibereke.

Mangwana uchadyei?

Zvaunoti kumuka wopeta maoko,
Kuvata wovata dzeusiku huviri,
Kugara pwashasha wenge mhino yapfurwa nedhongi,
Kunyarairwa shanda wopakira zvimiti muzheve,
Wako musoro woomesa sechinyamukohoho,
Ko zvino dura zvarangova huruva chete,
Idzo homwe achingova maburi,
Mangwana uchadyei?

Ndinozviziva mwanawe,
Uchandifunga mangwana kwaedza,

Ugomafunga angu manzwi anokurova pamwoyo nhasi,
Anokusosona zvino souriri hwehurukuru,
Achikubayabaya setsono pamwoyo,
Nokukudzipa pahuro sepfura,
Mumeso mako achinge mhiripiri kuvava,
Batisisa angu manzwi, batisisa uchamanzwa,
Nokuti angu manzwi imbuva yemberi,
Asi ukaera wamapotsa ndoenda ndinoenda nawo.

Tarisa mwanawe ugotarisisa,
Unan'anidze neziso rine mbiru neukomba,
Mhazha yangu iyi nevhudzi mupunga sechando,
Hahuzi hurema kwete,
Kutsinhira bedzi angu makore noungwaru,
Ungwaru hwaanasorojena vemakore,
Vanoziva kunobva nguva nekwainoenda.

Zvino zvawati hako handinzarwo,
Kunyarairwa tarazaza, tana,
Uchiti ndezvedu isu vanamakei,
Vasingafambirani nenguva painofamba,
Wangu muromo ndosona netsono,
Ndikati nebumho ungazotizve inhamo inonditaudza kwete rudo.

Rako zano hameno,
Toti zvimwe uri mazivazvose,
Muwanazvose anodya agere senda,
Asika handisakamboona chinguri ndakaberekwa,
Mudyandigere anorarama asingarimi,
Ndiko saka ndati ndikutambidze yangu mbuva mwanawe,
Zvimwe mangwana ungararamiswa nayo yangu mbuva,
Ungadyei parinobuda zuva mangwana?

Street kid shamwari yezhira

Vanonditi street kid shamwari yezhira,
Murashwa mwana usina mai,
Hungamarara Muponanezvokurashwa,
Musvina ane ganda dema rinoera mvura,
Mararapazhe anoera mumba,
Anofuka jira dema reusiku hutema.

Mwoyo wangu unorwadza,
Mwoyo wangu unopisa sewambuya vane dungurira,
Mudumbu mangu nyoka dzinorira,
Mwoyo wangu wosina ropa,
Wodonhedza inovava misodzi segavakava,
Ndichichemera imi amai,
Ndichichemera imi baba,
Vane wedombo mwoyo usingachechuki.

Ndinofara asi zvemufarapaduku,
Nokuti nguva ngani anosvika nhamo,
Wofuvisa wangu mufarodova,
Wofunga zvino wangu mwoyo,
Ndichadyei zvarabuda zuva?
Ndichamwei zvoyopisa nyota pahuro?
Ndichapfekei zvoyorova mhepo?
Ndichafukei zvorovira zuva?

Shamwari yangu chete mushanha dzemangwanani nguva,
Vanondivenga hevo, zhara nanyota,
Chandowo nasvina vachindimhorosa,
Neavo manzwi magaramwoyo, makukutu,
Hanzi unotsvakei pazhe, pamba pedu isu vana svina nachando?

E-eh!
Mwoyo wangu unochecheta segumbo rarumwa nechinyavada,
Nguva dzose ndinovaona vachipfuura, havo pandiri vopendera,
Kutarisa venge varikunanganidza iya imbwa ine gwembe,
Nyaya vachiita dzekutepfenyura senhepfenyuro,
Havakendengi,
Nokuti hwangu upenyu kwavari ndimashungurudze,
Muromo wangu kwavari ndimapedzazvose, nyange nezvinovava,
Nokuti chokudya wangu muromo hanzi hausarure.

Ndinoyemura vose vezera rangu,
Avo ndinoona yose nguva,
Kuvambuka mugwagwa vachiita zvokusesedzwa nevavo vabereki,
Kudya vachiita zvokupakwa nevavo vabereki,
Ini mugarandoga ndichishuva vangu vabereki,
Vakaenda neuma semuseve kumakomo,
Vachindisiya ndava ndoga mugarandoga shamwari yezhira.

Kana hama neshamwari dzepedyo handina nyange ndichidzisuva,
Nokuti vose mumeso avo vanondinyenya,
Kanawo vanamufundisi nevaparidzi vemakereke,
Vanondisiya neyangu nhamo,
Nyange zvazvo kwavo kumakereke vachiparidza rudo misi nenguva:
"Ida vamwe sekuda kwaunozviita iwe,"
Ukuwo vatungamiri venyika nevakamedza mabhii,
Vanongondicheka neziso chete votarisa divi,
Yavo misoro vodzungudza,
Sezvinonzi yangu nhamo ndakaita yokukokera sendari,
Vanoita sevakadzidza, sevanofunga zvemhando yepamusoro-soro,
Asi dzavo pfungwa dzinenge diki pane dzangu ini mushayahama,
Ini 'street kid' shamwari yezhira.

E-eh!
Kana vose vanosweroimba kodzero dzavanhu,
Ndakavadzidza ndikavanzwisisa,
Kuti rwavo rudo ndihwenyakwese namasarura,
Paya pavanotaura nezvekodzero dzavanhu ini havandiverengi,
Pavanotsvaka vavo vatungamiriri vemapato enyika ini havandibvunzi,
Kana paya pavanoverenga vanhu munyika ini havandiverengi,
Kanamo mubumbiro ravo remutemo rangu zita harimo,
Nokuti vose hurumende nevakadzidza,
Kanawo vanodzvinyirirwa seni,
Vose vanondiita chavo chiseko mawanikwa mufungwa,
Nokuti handizi munhu kwavari vose,
Ini 'street kid' shamwari yezhira.

Ndafunga pasichigare

Ndafunga makarekare, pasichigare,
Pasichigare pasi pasati parohwa nezamo rebere,
Richiri dandaro muchechetere,
Zvose kuvakuru nekuvadoko.

Rungwanani zhizha,
Tose taiti mapadza kape-kape tonanga kumatoro nekumitepfa,
Ukuwo vakomana vaifumobata jongwe muromo,
Vodzibopa Bhusvumani naCharureki,
Vonanga kwavo kumagan'a,

Nguva ngani wainzwa heki heki, mhanje tsaratsara munda mbe-e.
Mbeswa nyamu-nyamu!
Munda bu-u,
Mhandire nemakavhu totsapfanya.

Hecho chirimo jenaguru pfacha!
Hakwaidanwa unonzwa,
Yaiti yarira yokwedu ngoma,
Mujangira wehosho nembira zvodavirana,
Uyo wenzwi dete orutanga rwakatsetseka,
Vezvichakati waiona mudungwe rongondo,
Venge mujuru panguva yezhizha,
Chirega uone zvoitika mudandariro:
Runosvetuka nerunodanhuka,
Runorundundika nerunobvumira,
Runoridza makavhu nerunorova manja,
Runoridza mheterwa nerunopururudza,
Asika hapana waitarisa mumwe;
Nokuti ndiwo matambirwo ayo ngoma yacho.

Taneta tose hapana waimira,
Waiwona Mufungo achitanga chamuvandwamuvandwa,
Chamuvandwamuvandwa chisingabudisi ziya,
Hoyo womhanyira kuseri kwetsapi,
Uyo-o akananga kudurunhuru,
Zvanzi nditsvagei, ndiri papi?
Tose taiita fararira sehwai mugura,
Wapota nekuku wapota nekoko,
Nokuti waiva mushandirapamwe wemasvosve mujenaguru.

Rapakurwa mune dzemiti waiva muchechetere,
Toridzisa madzoserasimba rine simba romuseve,
Kudzoreredza redu rainge rarasika mukudandauka,
Ndipo zvino taizonzwa nhumbu ava mangoda kurema,
Tobva taziva zvino kuti hakuchadzokeki kudandaro.

Kungotipo kwedu ndiro tsvai,
Vhu-u chasvika chikomana chariga ishe padare,
Misoro tenge zvitubetube zviri kuredza hove,
Waizonzwa vana mai 'ko paruvato hamupazivi?'
Ndiye waziva kwake waziva kwake,
Tonorovera edu matama pasi.

Nguva ngani wainzwa dzorira ngonono,
Tose tavako kune yavo nyika vanoziva voga, kwamafaune,
Totaura neveko kumhepo,
Kuoneswa uchingova musanganiswa,
Zvinonyevenusa pfungwa nemadzangaradzimu,
Dakara tadzoswazve kune yedu nyika,
Topemberera kubuda kwaro zuva.

Zvako zvanyanya

Zuva rose, richibuda, richinyura,
Ngoma yako ndini,
Unondirova,
Unondiseka,
Uchindisvooredza sebenzi pavazhinji,
Iwo masikati here rakacheka nyika?

Zvako zvanyanya,
Kana wadhakwa unondituka,
Muromo wondikwebura,
Kana watsamwa unondirova,
Kana wafarisa unondiseka,
Kana watadza tsamwa wondiridzira,
Kana wagutisa,
Unondiputisira ako mabhomba emupata wemeno maviri,
Machira uchimuka riri dope nenhope.

Zvako zvanyanya,
Ndoita chipi icho usingashori?
Ndirimirane muganhu nemvura hanzi wotisemesa,
Ndiite ushamwari nemvura,
Hezvo wondipumha upfambi hwandisina,
Kana rwako rudo runenge maruva echirimo,
Anokudzwa nedova achifa zhizha rasvika,
Ndizvo, zvako zvanyanya.

Rega ndikuudze, rega zvako murume wangu,
Kana deno waiva mhembwe,
Ini ndiri shumba chiradza,
Ndaikudya masikati rakacheka nyika,
Ako mapfupa ndichiita ekumepfura sechityu chembudzi,

Wakadzvondora ako maziso sedemba.

Kana kuti chinzwa unzwe!
Kana deno ndaiva ini kiti,
Iwe uri dovi manhuhwidze,
Ndaikukokota kusvika wapera kuti tsvai,
Kusvika usisimo kanamo mugaba umo unogara.

Zvako zvanyanya,
Kana dai ndaiva tsuromagen'a,
Iwe uri n'ombe mhou mamwisamhuru,
Ndaikukama ndozokurega yobuda ropa minyatso,
Zve yako minyatso ndaisiya ndarumaruma ava maronda.

Teererazve unzwe unzwisise.
Kana deno ndaiva inda mako mumusoro,
Iwe uri munhu une wako musoro,
Ndaikumwa ukasara wangova magodo edzimudzangara resango,
Nokuti zvako zvanyanya izvo usingaregi.

Unouya rudo ndisisina

Pandaikutarisa waifinyamisa kumeso,
Pandaikudeedza waiisa zvimiti munzeve,
Payaivava yangu mhezi waitarisa divi wosekerera,
Pandaikukwenya nekasiyanwa waindítakunyira rwangu ruoko kure,
Uchiruita kunge rwembwa iya ine gwembe.

Ndairara nhema iwe uchirara chena,
Ndaisadya rinopinda iwe pahuro richimhanya serine derere,
Kufamba ndainge ndinokwira gomo,
Iwe uchiita hwechitundumuseremuse nenhanzwa,
Wangu mwoyo waituvhira kunge nhumbu yatukudza,
Wako uchingove tonho semazai echando muna Chikumi.

Nhasi woga tutururu,
Chaipa chiizve?
Taitika kuda kwenyu hakurimwi,
Taitika kuda kwenyu hakudyiwi ipwa,
Nyambisirwa miromo munayowo?

Ko zvino hamuzivi here kuti sadza rinodyiwa munhu achine zhara,
Dumbu rikaera rati shaku, zvesadza ava masanga?
Ko kana iyo wani simbi inorohwa ichapisa,
Ikaera yatonhora munozoigona here?
Kana zvaVaShavi chaizvo,
Handiti zvinodyiwa vachakamukirwa here?
Kana iyo ngoma pakurira, handiti inotambwa icharidzwa here,
Kuti wayo murovi anzwe matekenye nemanyawi?

Zvino madarirei vasikana,
Kuita mufunga paduku,
Murasafungwa wegunguwo raviga zai?
Hezvo moyeuka bako mvura yanaya,
Nokoko nzizi dzose dzadira,
Paiva namakomo ava makura,
Rwangu ini rudo rwakapwa setsime,
Parwaive ave matongo,
Zvino muchaita sei?

Uchachemei?

Zvino zuva rabuda!
Tarisa mberi kwako,
Ugotarisa kumabvazuva,
Svinura ako meso uwone,
Yezuva mirazvo inopenyera ako meso,
Kuti yako nzira iwe ichene, uone paunotsika,
Chipukuta iri mumaziso misodzi ingakudzivirira kuona.

Wachema saka zvakwana,
Kana zuva rinovira richibuda rimwe wani,
Usikuwo hunouya huchienda nemhindo yahwo,
Kana iyo nhamo inouya ichienda neyayo nyatwa chinyararire,
Naiwo makunun'unu maodzamwoyo anouya achiyeneka,
Zvose zvopa mukana nechiremerera kutariro,
Ko zvino zvarabuda uno wezhizha mwaka!
Chiregorambohwihwidza nguva ichifamba,
Yako tariro iriko mberi wakatarisa,
Saka uchachemei?

Hero shoko kwamuri vazukuru

Kana tichitaura isu vanasorojena hwenyu uso kotamisai pasi,
Kotamisai pasi makadzikamisa hana,
Muteerere edu asingadi varikumhanya,
Teereresai edu mashoko nokuti makukutu ane udzamu,
Mumabatisise nokuti imbuva yemberi,
Mbuva inogutsa nyange namangwana,
Ko ivo venyu vana mungazovapakurireiko kana vochema zhara?

Mira wakasimba,
Mira semusambangwena iwe muzukurukomana,
Newe muzukurusikana utsigise hana, rwendo rurefu,
Miviri zvoyotutuma kudai,
Naiwaya makore achiwirana pamusoro,
Zivai kuti muri kutevera iyoyi zhira yatiri kufamba,
Asizve musazokanganwa,
Pamakafamba nepamurikufamba takambopafambawo,
Chiteereresai edu manzwi ane mbirimi nenduramo,
Manzwi edu isu takabva noko kumhunga kusina ipwa.

E-eh!
Ndotaura zvino ndotaura ini pauzima,
Ndisina chandadzvutura pamuromo kana pamhino,
Kana deno ndaimwa zvimwe maizoti idoro rinondiropodza,
Kana deno ndaisvuta zvimwe maizoti imbanje dzinondinyaudzisa,
Kana deno ndaipenga zvimwe maizoti imbariro dzeuropi dzakatamba navana,
Zvino zvose izvi pandiri makura,
Saka chigarisikai muteerere, mose nemi nherera dzisina anopanga:

> Gadzirirai zvakakwana sevarwi pahondo,
> Mupfeke dziya hanzu dzokurwa nadzo dzine uturu,
> Mapakatwa nemagangauta garai makakoka,
> Nokuti zhira yamuri kufamba nayo ndakafamba,
> A-ah!
> Zvidengamutenga nehwenyamiviri igumi nefararira.

Kumuzukurusikana ndati dzikamisa hana,
Svinura uone uye uonesese,
Vatsvuku navatema,
Varefu navapfupi,
Vanaku namashukudumwa,

Vapfumi nevarombo,
Vose vachauya,
Sevanoda kukukwenya yako mhezi inovava,
Vamwe vachauya sengirozi pachigamuchiro.
Svinura uone vatsvene navavhevhi,
Uyeuke angu mashoko muzukuru yeuka!
Rudo rwepanzira imvura yehore,
Inoturuka kamwe pagore mugwenga,
Ndizvo mandichimbidza akazvara mandinonoke, rega zvipore akabva mukutsva,
Nepakumedza chiregochimbidza iko kutsenga kuchada,
Ungazoita dumaneshaya chembere yatsenga namo,
Ipo pahuro wenge mbudzana yamedza pfura,
Ndizvo usamhanyira kuyambuka rwizi usati wasvika,
Pakuwaruka ziva pane gomba nepasina,
Ukaita mawaruke ungapedza simba neparisingadi,
Nguva ngani woitwa mvemve navo vanabhurumashanga,
Vasina misana inoera ruvato,
Ungafuga rako wega risina gonhi chisati chasvika chando.

Iwe muzukurukomana!
Maruva enyika haaperi,
Gonyera zvako pamwe usaita hwezingizi,
Pakutsvaka zungura vose murusero senzungu pakumenya,
Upure vose paruware usati warudza semhunga,
Wapedza basa mberi pakurudza,
Ndizvo uone hundi netsanga dzine uremu,
Usamhanyira kunoenda mhepo nokuti ndiyo zhira yehundi,
Dzine uremu tsanga dzinoonekwa nekugara musero,
Musikana une mutsa rukweza mumasawi pakusakura,
Kumuwana zvinotoda unyanzvi hwambuya mutseu yenzungu,
Ukambarambadza ungatema nedzine marweza,
Yeuka angu mashoko yeuka!
Ukasayeuka unopinda muna taisireva:

Usati wose wakupa zino wokanda shoko, nokuti igaroziva kuti zino irema,
Iro guyu kutsvukira kuzhe mukati rizere masvosve,
Tingazokuona hezvo wovheyesana navo vanadasvawatasva dhongi repadhibha,
Nguva ngani woumburudzana navo vana imba mubhawa varidzi veshuramatongo,

Hezvo wopupuruka semuto wederere pakuseva,
Iwo meno njanjandara wenge munzwa wegwaya rabviswa mushuna,
Wachonjomara mukomana sembeva parumano,
Chirega kuzopinda munataisireva setisina kumboreva,
Ndizvo chati homu chareva.

Ko ndimika ramangwana vazukuru,
Chigadzirirai rwendo nguva ichipo,
Nokuti mvura yembambara inotizwa ichabva kure,
Ikaera yasvika munotota mose,
kumeso kwoita miboorwa yechimvuramahwe,
Pakupfeka ndodzokorora, pfekai chaidzo dzokurwa dzine uturu,
Nzira mosarudzawo iya isina minzwa namasoso,
Mungabaiwa tsoka risati rabuda zuva,
Iyo pfuko iri pamusoro ikapunzika musati masvika.

Kusatenda uroyi

Zvizhinji zvipo zvaNyadenga izvo tinotora sedambe,
Kufungisisa nezvazvo renge shoko risina musoro,
Nokuti vazhinji kudzamisa pfungwa idambudziko,
Riya rinokunda kurindisa mhandire vasina meno.

Chokutanga kuzvarwa,
Kuzvarwa tiri vapenyu tisina kukumbira,
Rudo rwevabereki tinopiwa pachena,
Iyo nyika tinorarama mairi tisina kukumbira kumuridzi,
Kanaro zuva tinodziya nokuronga naro mabasa pasina mutengo,
Kanaro jenaguru tinodada naro apo usiku anofanira kutenga,
Kanaro pasi tinotsika, kumhanya nekugiya risingamboviruki,
Kana iro ivhu tinokanya, kurima nekuchera zvicherwa risingarambi,
Kanayo mvura donhodzo namanyautsapahuro tinopiwa tisina kutenga,
Kanayo mhepo mafambaneropa inotenderera yedu miviri pasina kutenga,
Kanayo mvura tinotambidza yedu tsvina pasina mutengo,
Kanayo miti tinodya michero isingambotibvunzi mutengo.

Zvose izvi nezvimwe zvizhinji,
Zvipo zvaNyadenga izvo tinotora sedambe,
Tokanganwa kuti kusatenda uroyi.

Vauyi muZimbabwe

Pavakavaona vachiuya,
Sekuru nambuya vakavagamuchira savaenzi patsika yechivanhu,
Vakavapa zvose chokudya nepekuvata,
Vachivimba neyavo tsumo yavakuru,
'N'ombe yomupfuuri haipedzi bundo,'
Nokuti ndizvo vaiziva kuti muenzi haapedzi dura,
Ko vaigozivei zvavo,
Kuti mviromviro dzemhazha mapfeka?

Ndizvo!
Chiri mumwoyo chiri muninga,
Ko vaigoziveiko mbuya nasekuru,
Kuti vainge vatobata nhumbu nerwadzira zvaizorwadza nesu vazukuru?
Kana izvo zvaiva kutsi kwavo vauyi!
Handiti zvaiva njuzu iri muninga,
Inozivikanwa bedzi nevainenge yatora?

Nguva ngani takaona a-ah!
Zvatosvorana gozho nachin'ai,
Hunzi nemuuyi buda mako mumba ndigare ini,
Tikati zvimwe idambe rakiti nadovi,
Rokuti huya tikokotane dovi achiziva kuti anopedzwa nakiti!
Takazoona inga yatokora muto, dzapakatiranwa,
Maungira ndiwo wange wave mugariro,
Nokoko nzizi dzoerera ropa, mvura yose yapwa.

Chakati chatambwa chikumba kwenguva refu,
Takazoona vasimudza maoko vauyi,
Vozvitaurira pauzima,
Hunzi inotiza ndeiri kunze iri mukati inofa ichirwisa,
Huyai vana vevhu tiite chibvumirano.

Bva-a vakatiza zvayo hongu,
Asi vakatisiira mavanga,
Kuzadzikisa iya yavakuru:
Hunzi chakadya chaoneka mutanda wakasiya mbare,
Nhasi kuseka toseka takasunga muromo,
Kutsenga hero basa,
Mamwe meno akatiza navauyi,
Zvose namamwe majeche enyika vakaenda nazvo vauyi.

Kana nhasi tarira uone!
Zvaiera rava dambe ravana,
Dzaiva ninga dambiro renjuzu, ava madhorobha,
Vana tsika havachisina kugukuchira, vakarasiswa kumarara,
Imbwa nokuku dzikati matibviranepi nhasi kutipa nemupunga,
Nhasi vozengaira sezifa remukaka,
Kufamba vachinge vanagararirimo,
Nokuku vamwe voritaira nhumbu dziri pazhe,
Hunzi ndiwo mucheno,
Zvainyadzisa pasichigare pamiromo yavo hazvichabva,
Iro jweechwee, matukano mumba haachapera,
Nawo mazvakemazvake nenjakenjake mumba ndiwo wave mugariro,
Vamwe ndovoseka avo madzitateguru, hanzi aiva marema,
Dzavo tsika hanzi aiva mahumbwe,
Imi woye!
Vakafa havana chavakaona.

Asizve ndiwo avo mavanga,
Mavanga manyoro ane munyu vakatigamuchidza vauyi,
Basa gukutu vakasiira isu tose muZimbabwe,
Vabereki, vadzidzisi nemi vatungamiri venyika,
Ndizvo tose hero basa!

Iwe!

Unouya nguva yawafunga,
Usina kudanwa kana kukokwa sevamwi vendari,
Unouya wega senyoka muguru,
Wako musoro uchisimudza pawafunga semhepo yegungwa,
Uchivhavhaira wobhururuka womhara paunoda semhungu yomumutunhu.

Iwe!
Unouya mambakwedza kunze kusina kuedza,
Unouya nyange kubvumbi chando chisati charova,
Ndira zhizha mumunda achimadzadza,
Nyange chirimo denga risati rachema yaro misodzi,
Kana makurwe mumunda asati atukudza,
Nokuti haupi vamwe nguva kunze kwako iwe.

Iwe!
Pawasvika hapana anosimudza musoro,

Nokuti rako banga harisaruri, mhunga zvose nerukweza,
Pawasvika vose vanovata pasi sehukwana dzaona gondo,
Pameso hevo vounanisa sembeswa dzashaya mvura muna gumiguru,
Iyo miviri ichingobvunda seshanga munaSanyati,
Meso dzichingova nzizi dzisingapwi muzhizha.

Iwe!
Wako muitiro hapana unounzwisisa,
Kana rwako rudzi hapana anoruziva,
Kana kwaunogara hapana anokuziva,
Kana kwaunobva chaiko hapana anokuziva,
Nekwaunoenda zvose usiku kwatiri.

Iwe!
Unopona neziya ravamwe,
Nyota uchitimudza nemisodzi yavamwe,
Zhara uchipedza nezvekupamba,
Nokuti zvako zvose ndezvokupamba.

Iwe!
Ndakambokubvunza zviya,
Riya gore rawatishanyira muna Chikumi,
Asi wako musoro wakapinza mudenhe sekamba yawona gondo,
Ako manzwi ukaramba nawo seanoera kumanzwa,
Woita musveverere wakananga kwako uko unoziva woga,
Nhasi zvino ndopamhazve,
Hewo mubvunzo wangu zvakare kwauri:
"Zita rako ndiwe ani iwe?"

Mwari komborerai Africa

Zuva zvino rabuda Africa yose,
Jongwe zvino rarira mutunhu wose,
Mhuru dzose miswe mudenga ji-i,
Simbe kumujuru dzoenda,
Kundodzidza mushandirapamwe wemajuru.

Zuva zvino rabuda Africa yose,
Rusaruraganda munongedzo weruvengo,
Semunyu wadurungunda pasi petsoka dzedu totsika,
Pamwechete sevana vemunhumumwe todya,

Munhandare imwe chete totamba nemhandu dzedu dzazuro,
Mapakatwa topfura kuita mapadza.

Iwe Africa zuva rabuda,
Rabuda rose mumba mako, fara jikimura,
Mhanya kumabvazuva, mhanya kumavirira,
Mhanya kuchamhembe, mhanya kumaodzanyemba uchipembera,
Chimhanya uende kurwizi ugeze tsvina yose,
Yose tsvina wakazodzwa navauyi,
Chimhanya uende kumushanha,
Ubvise chose chando chemakore mumuviri wako,
Icho chakakubata sehwiza munaChikumi wako muviri ukaramba kukura,
Chimhanya zvino kumakomo, kune inofefetera mhepo yepamusoro,
Undobvisa iya inonhuhwa mhepo wakadirwa navauyi,
Ugopiwa nemiti mikuru inotonhorera mhepo ugoisa mune ako mapapu.

Iwe Africa zuva rabuda,
Chirega rugare rutsive nhamo,
Runyararo rutsive ruvengo,
Nziyo dzako dzipodze maronda akasimwa pasi pasi pemwoyo wako,
Newako mufaro utsive kwako kusuwa,
Uko kwakagara pane chako chiso kwemakore zana.

Iwe Africa zuva rabuda,
Chirega zuva neusiku zviyanane neruzha rwemvura inoyerera munzizi,
Chirega mvura yomudenga inaye,
Ikukure chose chiutsi cheunga hwepfuti mumhepo,
Chirega mhepo yokumakomo ifefetere,
Itonhodze ruzha rwezvimbambaira zvakavhara dzedu zheve dzikava matsi.
Iwe Africa zuva rabuda,
Chidzosera dzako pfungwa pamazuva akare,
Asi kwete nerudo rweruvengo, rudo rwemuroyi,
Rangarira chete kutukwa kwakaitwa ako manyana,
Rangarira chete kutambudzwa kwakaitwa ako manyana,
Ugorangarira chete,
Kunyengedzwa kwakaitwa ako manyana,
Kuti avengane pachawo.

Iwe Africa zuva rabuda,
Udza ako majeche auye pamwe chete,
Amire mumutsetse mumwe chete murefu,
Imba iwe Africa neinzwi rimwe:

"Mwari komborera Africa".
Asi usakanganwa murwiyo rwako rwose,
Vaya vakaimba newe rwiyo rwayo,
Nevaya vaisuva kuimba newe asi vasina manzwi,
Usakanganwazve iwe Africa,
Vaya vane miviri yakabvarurwa nemabara emhandu mukurwa,
Nevakavata pasi zuva risina kubuda,
Imba navo, imba:
"Mwari komborerai Africa".

Ngatishandei neungwaru

Ngatishandei tose,
Ngatishande, asi neungwaru nenduramo,
Tikagarira maoko nekumirira kugamuchira sevapemhi,
Tairasa,
Tikashanda asi tisingacheuki shure kana kutarisa mberi kwatinoenda,
Tairasa,
Tikashanda asi tisina ungwaru nenduramo,
Tairasa,
Nokuti maoko nenjere zvinofambirana,
Hazvina kusiyana neukama hwemukombe nechirongo,
Kanahwo hwehuyo neguyo.

Ngatishandei tose,
Ngatishande, asi neungwaru nenduramo,
Basa rinorwadza asi hariurayi,
Kufunga kunogozha asi kunogoneka,
Rugare runonetsa kuwana asi runowanikwa,
Ndizvo pamba pehurudza ngwaru pazere maguta,
Zvokudya marara nyange kuvapfuuri nezhira,
Hapano penyipura mudyandapiwa!
Ruzha nebopoto ndipo pamuzinda,
Kuvavana ndirwo rugare rwavo,
Nokuti maoko vakapeta vakatyorera mumatundundu,
Njerewo vakarasira kudurunhuru nedota,
Imbwa nokuku dzikati maita, maisva kwadzo nyemba kutsva dzarungwa,
Ndiye rongedze nonge hutu!
Vamuridzi ndokusara nedenhe rizere mvura,
Iyo svibu yakati tsva-a seyemunaMukuvisi.

Ngatishandei tose,
Ngatishande, asi neungwaru nenduramo,
Tichiziva kwatinobva nekwatinoenda,
Zuro, nhasi zvose namangwana,
Ngatishandei.

Dandaro

Kukakanyara,
Kuzvikudza,
Kuzvitutumadza,
Kuzvirova matundundu,
Semakagara chirambakusakara.

Kukara,
Kuvaka nepavamwe,
Kuunganidza nezvavamwe,
Semunounganidza nekuvaka zvisingaori.

Usiku zvahunouya,
Hunoziva here mangwana huchaenda,
Zvose huchida husingadi?

Tinodhuva kukanganwa,
Kuita zvakanaka nezvinoyemurika,
Tozoyeuka bedzi tarereka, munzira tavemo,
Kuti takakanganwa kudzvara yedu mhodzi yorurangaridzo,
Uye kuti rino pasi idandaro.

Hezvo nhasi wawa mutanda,
Hauna kusiya kana tsotso.
Mangwana chaputsika churu,
Kana imwe ishwa haungaibati.
Asi vaingorevawo vakuru:
'Kwaunobva kanda huyo kwaunoenda usiku.'

Dzidzo musandiramba

Ndini dzidzo musimboti weupenyu nhasi namangwana,
Rose pasi rinondiremekedza,

Usina rutsigiro rwangu kurarama ihwakumukwakwu,
Kupona kupona nenhoko dzezvironda,
Nokuti rwangu rutsigiro ndimaponese.

Ndini dzidzo musimboti,
Rangu zita rakatandira nyika,
Kumativi ose vanondireva,
Vaduku zvose navakuru vanondireva,
Nokuti wangu mukurumbira ndimapambiri.

Ndini dzidzo musimboti,
Angu maruva haazunziki nhando semashizha munaNyamavhuvhu,
Zvangu zvibereko zvinopera nokuwa kwaro dzinde pasi,
Yangu mirazvo inovhenekera vose nevari murima,
Ichiparara chete nokuvira kwaro zuva,
Nokuti pandiri chiedza chete mavheneke.
Ndini dzidzo musimboti,
Mudzinhepfenyuro vanotepfenyura nezvangu,
Mumapepanhau vanonyora nezvangu,
Mumatandemutande nyaya ndini,
Mukugadzirisa zvenyika vanondidana,
Hanzi hatingagari dare usipo iwe chipangamazano.

Ndini dzidzo musimboti,
Ndini dzidzo masunungure,
Ndini dzidzo mazaruranjere, mikana zvose namabasa.

E-he, ndini dzidzo musimboti,
Musikana munaku anodiwa navazhinji, vakuru navadoko,
Vanondiramba,
Kushanda vachiswererodikitirira vaya vakandipfimba ndikaramba,
Kuchema vachiswererochema misodzi dai takaziva, vaya vakandiramba,
Nokuti ndini dzidzo musandiramba.

Rudo igomo

Rwangu kwauri igomo,
Igomo rine hapwa dzinoyerera mvuna mhenyu,
Mhenyu yechisipiti chisingapwi,
Chisingapwi nyange kwapisa chirimo,
Matonhodze yemurongo rambuya,

Inonyautsa pahuro seyenhuruka mapedzanyota.

Rudo!
Ndikakufunga wangu musoro tenderere,
Sadza kuridzisa hero basa,
Basa kurishanda hezvo zvadhuva,
Kunyataudzwa dzangu zheve enge madzira,
Meso kunyadzvondora ndenge bofu,
Nokuti wangu mwoyo ndimafurira kure,
Uri ikoko kure-kure kwauri.

Mangwana kana woenda usandisiya,
Nditakure iwe chamupupuri changu,
Undiite chemutengure uko unovhakacha,
Usandidonhedze sechapungu maeraera,
Chisingadonhedze yacho minhenga iyo chinodisa.

Rudo!
Nyange wodzokako musiyo usandisiya,
Nditakure senda mumusoro watenzi,
Ndibereke kwako kumusana somucheche,
Ugondinamidzira pane rako ganda semushambwe.

Rudo!
Nyange wondodhigidha ini usandisiya,
Ndibereke kwako kumusana maradzikavana,
Ugoita chamunyurududu neni mudhigidho,
Paunobudamo usandisiya pasi munhope,
Buda neni wako mubatanidzwa,
Nokuti ndiri wako mudiwa nokusingaperi.

Tsvina mumba

Imba yose yonhuhwa tsvina,
Uko nokoko yangova tsvina,
Apa nepapa yangova tsvina,
Utarise uko nokoko yangova tsvina.

Imba yose nhunzi che-e hi-hi,
Uko nokoko dzangova nhunzi,

Apa nepapa dzangova nhunzi,
Utarise uko nokoko dzangova nhunzi,
Ah!

Imba yose yonhuhwa tsvina,
Ndichifamba mumugwagwa ndakaona,
A-ah inga tamiswa nevemutemo,
Zvikanzi ita yomusana utore rwako rwendo!
Ndikati a-ah heyo tsvina yodana nhunzi mumba,
Ndipinde mubhanga ndakaona,
A-ah ndakwenywa ndivamuchengetedzi vebhanga!
Hanzi ita yekoko upinde mberi,
Ndikati a-ah heyo tsvina yodana nhunzi mumba,
Nditsvake basa ndakaona,
A-ah ndoibvunzwa yehutsvuku nemukokeri webasa!
Hanzi unotenga doro here?
Ndikati a-ah heyo tsvina yodana nhunzi mumba,
Nditsvake chitambi chokuchaira dzimotikari ndakanzwa rino shoko,
Kuti upase ita yedhiringi!
Ndikati a-ah heyo tsvina yodana nhunzi mumba,
Ndikumbire gwaro rokufambisa kunze kwenyika,
Ndikaona ngoma ndiyo ndiyo,
Ndikati a-ah imba yose zvayazara tsvina,
Nhunzi imba yose che-e!

Ndagara pasi ndakafungisisa,
Ndakadana mai nababa ndikati "mhai, baba heyo tsvina,"
Nhunzi imba yose che-e!
Vakazviona mai nababa uropi hukadhogodhera,
Musoro ukatenderera sehuku yabatwa nemuzeerere,
Rudzungu kumeso rukati kape,
Vakati avo mashoko kwatiri: "hero basa kwamuri mose vana,
Imba ngaichene vaenzi vauye, musha ukure."

Bararawamhanya

Yakati yabhebha imba huru,
Chatsva chikumba munhandare,
Akweshana machongwe pamutanda mumwe,
Atetsurana mabhuru mudangamo,
Rakava bararawamamhanya vana kumhanya.

Pandakati nditarise ndakaona hecho chipatapata,
Munda wapinda mbavha yanyisa murimi,
Waziva kwake waziva kwake.

Nditarisezve mativi ose,
Ndakaona imba yose chipatapata,
Chokudya mumba tsvai,
Vemabasa hoyo murambamhuru,
Mitengo yose mugomo katakata,
Kumanhengatenga kusina vapfupi vanosvikirira.

Nguva ngani ndakaona makumbo opingana,
Imba yose hero bararawamhanya,
Runoenda mabvazuva nerunoenda mavirira,
Runoenda maodzanyemba nerunoenda chamhembe,
Shumo iya 'kusina mai hakuendwi' ikati yaramba kushanda.

Yakatsva imba ikatsva kuita dota,
Nhiyo dzose mumba dzikamhanyira kumakuyo,
Machongwe akaona aa-h imba yose zvoongosara iwo machongwe,
Nhiyo dzopararira!
Tikaona machongwe emutanda mumwe orira pamwe,
Hero jechetere zvakare mumba chechetere,
Imba ikatanga zvino kuvakika sechuru chemajuru,
Nhiyo dzange dzaita murambamhuru,
Zvino kuita rumwe rumwe dzichidzoka kumatongo,
Tobva tangoti tose pamwechete:
'Munhu wose unoda mugariro wakanaka pasi pano.'

Mudetembi Mazivazvose

Zita rangu ndini Mudetembi Mazivazvose,
Angu makore zana akazanirana,
Ndinonyora nokuimba nhetemo, saka ndini mudetembi,
Ndinotamba bhora nyange ramadhende munhandare, saka ndini mutambi webhora,
Ndinopenda misha nekunyora madziro, saka ndini mupendi,
Ndinoimba nziyo nyange pazere vanhu, saka rangu zita ndini muimbi,
Ndinorwa nemhandu nyange muhondo, saka rangu zita ndini murwi,
Ndini mashonganguwo nguva dzose, saka rangu zita ndini rwavhi,

Ndinomwa doro richibuda kusvika richivira, saka rangu zita ndini gararirimo,
Ndinofamba rose zuva, saka rangu zita ndini swerakuenda mukuwasha wezuva,
Ndinonyora mabhuku yose misi, saka rangu zita ndini munyori,
Ndinobikira vose vanoda kudya zvinopisa nezvinotonhora, saka rangu zuva ndini mubiki,
Ndinodzidzisa vazhinji vakuru navadiki nguva zhinji, saka rangu zita ndini mudzidzisi,
Ndinomhanya kunge museve wadauka pauta, saka rangu zita ndini mumhanyi.

Ini rangu simba riri mumvura serehove,
Kwemakore ndaivako uye ndichavako,
Muudzvinyiriri ndakararama uye ndichararama nguva dzose,
Nyange pane yeruvengo mirazvo ndichararara,
Nemupfungwa dzavane misodzi pamatama ndichararama,
Nokuti rangu basa chisipiti chisingapwi,
Saka e-he ndini Mudetembi Mazivazvose.

Takarera imbwa nomukaka

Zviro kwazvo yavakuru miromo haiwiri pasi,
Pavaitaura, 'kurera imbwa nomukaka mangwana inofuma yokuruma',
Taiti zvimwe makaro avo vekare,
Kuti imbwa hadzipiwi mukaka savanhu.

Zvakatanga sorudo kunewedu muzvarwandega zai regondo,
Verake zera vozvigurira misuva wedu taigurirwa,
Pakuenda kuchikoro taiperekedza zvose nokudzoka dakara ati tsvai yechinomwe,
Paaichema taimunyaradza tomurezva somucheche,
Chose chaaichemera, chose chaaida taimupa nyange chaiwanikwa gova,
Kudonzi navamwe moshishimidza mwana anozoita rema, taiti hurombo hwavo neshanje,
Paairesva tainyemwerera, hunzi tikamutsiura angazoti ndoshungurudzwa navangu vabereki,
Kana ochemedzana nevake vezera hataitsvaka muparanzvongo,
Taibata vavamwe torova, hunzi muri kushungurudza wedu mwana.

Kana pari pamba waiva mudyandigere weasakamboshanda,

Machira waiwarurirwa nasisi,
Kubika aibikirwa nasisi,
Dzake mbatya aiwachirwa nasisi,
Nemake mumba aitsvairirwa nasisi,
Kumunda haikuziva kuti kunoendwa nepi,
Chaaiziva chete kuti zvomumunda zvinodyiwa sei.

Yakazoti yasvika zvino nguva, abve zera,
Vake vezera vonopambara mativi mana,
Tikati chiendawo tione nyana wayaruka,
Mwana akati ozvionera pamhuno sefodya,
Kuti urema hwokurerwa ndimafuvise namashaisa,
Mabasa akapinda gumi nemuraudzo,
Chimomo chake, handitsiurwe nyange naforomani,
Shamwari akaita gumi nefararira,
Chimomo chake, shamwari ita zvose izvo ndinoda ini,
Zviya chaizvo zvechembere mhedzi, zvinonzi navakuru zvakabvira paudiki.

Nguva ngani takazoona tutururu, achirisunda,
Takatarisana nevake baba zvemadzvombidzvororo,
Baba pavakati enda undorwarira kwawakaroyerwa,
Takaita zvevaya varohwa neyemupande,
Hunzi haina baba,
Achibvisa Matinyadza pazamu takati:
E-eh! chifambafamba undopambarira wako asina baba,
Iye akati maisvakwadzo nyemba kutsva dzarungwa,
Wechinomwe takaonazve tutururu, osunda rimwe,
Tikati kuda chakachenjedza ndechakatanga,
Wanei watove mugariro musoro weshuro kushaya nyanga, ngoma ndiyo ndiyo,
Ndipo takazoona zvino chokwadi,
Kuti takarera imbwa nomukaka,
Yodai kutiruma neayo meno rakacheka nyika!

Chiuyaka!

Chiuyaka wepamwoyo!
Huya tipanane rwedu rudo rwechokwadi,
Urwo rwunonhuhwira seemashizha mufufu,
Huya zvako tirezvane, angu maoko akatambanukirewe,
Zhizha zvose nechirimo huya,

Utore rwako rwakakumirira rudo.

Zvizhinji kwazvo zvinoitika mune yedu imba,
Usiku kana kwakachena,
Zvose kutsinhira yavakuru tsumo: 'chakafukidza dzimba matenga,'
Dzedu hapwa tikafukura tinosara tava pachena sezuva.

Rangarira mudiwa;
Rangarira ugodzamisa dzako ndangariro,
Nokuti hwakanaka ugaro hunofambirana nedzakachena ndangariro,
Chiziva zvino mudiwa chinoumba rudo nerugare,
Pakuraya kwangu teereresa,
Nokuti ukatarisa angu mabasa naikoku kuraira ndezvekufemerwa,
Pakutonga ndizvozve handikakami,
Handina hama handina mutorwa,
Nokuti rangu donzo,
Nderekuumba dzavose tsika nehunhu pavanhu,
Kuti neyako imba igomira yakati twi-i,
Kusimba ichinge musambangwena,
Ukaera wati kwangu kutonga idemo,
Uchienzanisa dzako nguwo nedzavana Tarubva,
Bva-a wairasa masikati machena,
Ndizvo tarisa kwangu kutsamwa kuchinge dova mangwanani,
Nokuti ndinoshuva ipi zvayo nguva,
Kuti wedu moto ubatidzwe netsotso dzerudo,
Ugokuhwidzwa nehuni dzoruregerero.

Ndinoshushikana bedzi paye tiri kumusha,
Kwedu pasi kwaTsoroyadziya,
Kune wedu muvakidzani sahwira mugarandoga,
Anouya pedu pamba kuzotandara dakara pakati pahwo usiku,
Kuyedza kwako kunze,
Ndiyezve nyakutanga kurova wedu musiwo,
Hunzi radirwepi?
Herwo rwedu rudo rwogara zvino riri dindikwa,
Gasva rinochukwaira,
Nokuti kwake kufunga,
Hakupinzi vamwe make mundangariro.

Ngazvipere zvose izvi, ngazvipere!
Uchinje ako mafungiro neako maitiro,
Zvose zviti tiva-tiva, twasa!

Anguwo mavimbiswa ndizadzikise,
Nepakurara ndipinduke,
Uchaona rwedu rudo ngandu-ngandu setsatsi yomurwiti,
Kupfuta zvino rwenge mbaura yeemuti musasa,
Kurumhovesa zvino ave makomo asina ukwiriro,
Nokuti rwedu zvino rwasungwa neutare.

MISHECK P. CHINGOZHA

Kuyedza mukadzi mupangami

Kuyedza, mukadzi mupangami.
Mukadzi ane meso anoona nemano,
Kuyedza inoona ramangwana nhasi,
Mukadzi oshingaira, opunyaira,
Nokuti apunyaira haashayi misodzi.

Kuyedza inopa gwara.
Madzimai owana nzira inopa maguta,
Gotsi vopira kune zvisina maturo,
Vana vovhumbatira mwaka yose;
Chokwadi kupise, kutonhore.

Kuyedza inorangarira nyika ino ine marinda,
Marinda akatekeshera pose; muno nokunze,
Vamwe nanhasi anoziva pavarere hapana;
Asi takafamba navo,
Murukato rwembumburu tsvuku dzaipesana.

Misoro takaisa pamutsago mumwe,
Tichiti iwe neni tine basa ...
Zvinobaya mwoyo, zvinodzimbira maronda azuro.

Ndiyo nyika iyoyi inochengetedzwa nekuyedza.
Hongu kuyedza chaiyo nokumira nomupurisa,
Mupurisa anovhara ose magwanza nomunondo;
Kuti igarike, ifambike, ishandike, irimike iyo Dzimbabwe!

Kuyedza idombo rinotsigira mhare.
Kuyedza igomo rinohwanda vachengeti veDzimbabwe.
Kuyedza musimboti kwayedza, musimboti kwadoka,
Kuyedza kasipiti kemhara kasingapwi;
Chokwadi baba vaite simba,
Kuyedza inobata zvisina zinyekenyeke,
Kushora nguva kuzvidza,
Kuruma ruoko runopa upenyu,
Senda inoruma akaitakura.

Kuyedza inosimbisa nokunyaradza baba.
Vomuka rungwanangwana kwaedza voedza zvose.
Vomira panzvimbo kuti runyararo rwuvepo,
Yaiva shuviro yevaya vatakarwa navo,
Vasina kuzoyambukira kwatiri nhasi;
Avo vakasara mhiri kworwizi vasina kubira,
Iyo yaiva tariro yavo.

Pava norugare, norunyararo, norudekaro.
Vanyerere vangadakare zvavo,
Vachitika, ndizvo zvatakarwira,
Ndizvo zvatakafira,
Ndizvo zvakafambira mitunhu mirefu ine mago,
Ndizvo zvatakadyirwa nezvikara mumasango,
Chokwadi kuti rugare rwuvepo;
Uye rwuchengetedzwe.

Kwayedza kuyedza.
Edzai zvose zvinopundutsa mberi makaringa,
Nokuti muranda panopangwa waMambo teerera,
Uye hurudza imwe nguva teerera shoko resimbe,
Ndiko kana uchida kukohwa,
Nokuti wefungwa murwere akaudza hondo vane dzinopinza,
Nenguyo ikauya hondo.

Hubhinya kwete!

Yuwi! Yuwi kani!
Ko zvavaita baba!
Baba vangu chaivo, vaNyakutumbura.
Vanotoziva pane rwangu rukuvhite!
Ndinotizirepi zvino?
Ndinohwandepi zvino?

Chokwadi ndohwandepi?
Kana bhinya rava baba, rava mudzidzisi, rava mufundisi kana sabhuku!
Ndohwandepi?
Ndotizirepi?
Yuwi! Ura hwangu hwamona,
Ura hoda kudambuka,
Mweya wava kure kure.

Pasi ramera ziso chokwadi.
Zvaiyera nezuro zvotambwa nazvo semuswe wasekuru,
Zamu remwana raiva nhundurwa rotambwa naro semuswe wasekuru,
Ziso raitarisa mwana nechisuwo chebudiriro yake nhasi rotekenyedzwa,
Ah! Kutekenyedzwa zvokubhinya,
Nhasi vana vari kuchema,
Vakadzi vari kuyuwira,
Vaichemera mudundundu nhasi zvagombera, zvanyanya.

Pari papi paungasvika,
Pari papi paungapfuura napo,
Pari papi paungagara,
Mhere yopisa tsitsi,
Ugaro hwotyisa,
Zvinorovesa hana zvoitika nhasi, mudzimba muzvikoro nomunzira.
Pangava pai?
Huku dzodya mazai adzo.
Chisionekwi zuro hunhu husati hwabvaruka,
Kubvaruka kuita mvemve chairo hanzu yebenzi.

Dzino mukaka pamhuno dzashungurudzwa,
Nevedu venzwi dete vakangiswa mate mukanwa,
Zvadaro rangarirai chivi chinodya wacho mwene,
Chaunodyara unokohwa,
Ityai nokuti gunguwo zvarakatya mapapatya aro mangani?

Akubaira zanhi ndowako,
Ane nzeve ngaanzwe nhasi,
Chibharo iriva rinobata tenzi,
Kuzviisa panyanga dzamushore;
Kuzviturika panyanga dzamushore,
Kuzviturika ura kuti hudyiwe negunguwo wakatarisa.

Usaita mateya mwanangu

Iva iwe mwanangu,
Usaenzanisa nguwo nedzaTarubva,
Usakanga nyimo dzembeu nokuda kufadza mweni,
Usapupura huroyi hwamai nokuda kufadza mupfuuri,
Ngwarira paunofamba nokuti nhasi yatekeshera mafeso.

Usaita matevedzerwa kana dzungutevere nokuti rine mavanga.
Usaita ndasaririra pana zvose zvose nokuti zvine maponda,
Iva nemeso anoona, kuona kwete kuonerwa,
Usapinda pose pose nokuti mikova yacho yavharwa,
Usadya pose pose, nokuti unoti zvambobikirwei.

Nokuti vamwe vose voita hazvireve newe itawo.
Nokuti unosvikira hazvireve kuti tanha pamuti usiri wako,
Ziva kwawakabva: Tondera shoko ramai pamaparadzana,
Rangarira rairo yababa voti wayaruka, uye woenda kunoshava,
Usadya uroyi nokunyara mubiki,
Kana kudya gudo nokuti rabikwa nambuya.

Mira pachokwadi mwanangu.
Chiri mumusakasaka chinozvinzwira,
Musadonhedza chiri muhapwa nokuda kuombera,
Ivai vanzwi nevaiti vezvakanaka,
Asi chinonzi rega ndechiri muruoko, uswa huri mumuromo nyati inofa nahwo.
Ityai kujuruja norurimi muguru rekumakuva.
Ityai nokuti gonzo mhini rakagara mumhango rikararama.

Vanangu honai chose, kuti chinoziva ivhu kuti mwana wembeva anorwara.
Imi, chakatanga ndechakachenjedza,
Nokudaro usamedza zvose zvose nemakaro,
Musazvisikira moto muziso,
Musachera mvura nerongo rinovhinza.
Munenge mazviisa panyanga dzamushori,
Mazvinanika parumano,
Akubayira zanhi ndowako, uye kugara nhaka huona dzavamwe,
Naikowo kuziva mbuya huudzwa.
Chizivai kuti nhamo inhamo zvayo asi mai havaroodzwi.

Hutonga hwatsvuka

Hwatsvuka hutonga koda kuyedza,
Hutonga hwatsvuka chiedza chasvika,
Mumhindo takafamba tikavata,
Mumhindo takawa tikasvuuka mabvi,
Mumhindo takachema tikawungudza,

Asi nhasi hwatsvuka hutonga, koda kuedza.

Chifamba usamira, chifamba.
Usachenerwe urere, mukana ndiwoyu,
Ndiwoyu wako mukana mwaka uno,
Mwaka wawaishuvira siku nesikati,
Chokwadi paye pawaifamba murutsva,
Pawaikwira makata airwadza, airema,
Pawaiteremuka paye wakuzvuka,
Asi nhasi hutonga hwatsvuka, chiedza chauya.

Uta nemiseve usasendeka.
Vadzivisi vegodo neruchiva variko,
Asi dzidziso yazuro irambe iri musimboti,
Chii chitsva chingakutyisa?
Pawafamba karonda kanorwadza,
Ungatyiswa nei zvakare ihwo usiku hwatopfuura?
Chingatyisa kwaedza chii chinopfuura zvousiku,
Usiku hwaiva nerima raimedza munhu?
Rima raibatika, raityisa!
Kukurukura nhasi hupotswa.

Hutonga hwatsvuka saka usatya.
Zvakakupotsa mumhindo mukana wakapfuura,
Zvakakupotsa mumhindo kwachena uri mupangami.

Ndiko kwandaiva ...

Hwaiva hwakaparara upenyu,
Ndichiti rutivi iri kudyiwa nyika,
Ndichiti pamusoro payo nyika ndiripo,
Ndichiita zvisingataurike nhasi, zvisingakurukurwe.

Upenyu hwaiva hwakaparara,
Hwuchigwesha semhetamakumbo,
Ndiko kwandaiva vehama,
Uko ndaipinda pose pose siku nesikati:
Pandisina kupinda pangava pai, panoitwei?
Chandisina kuita chingava chii?
Risina kubuda mukanwa ringava ripi?

Naichowo chisina kupinda chingava chii?
Nokuti ndiko kwandaiva.

Nhasi ndinoimba nokudzana.
Ndotondera kwandabviswa nenyasha,
Ndotondera makorwa andaidya ndichimhanyisa mhepo,
Ndotondera zvakaora zvandaibata ndichitsvaga pfuma,
Ndotondera zvakaora zvandaizvifadza nazvo ndichizvirova dundundu.

Ndiko kwandaiva vehama,
Kwete waamai asi, ndomene,
Asi nhasi ndinoti wedenga makaita zvenyu,
Nhasi ndinoti rukudzo nematendo,
Ndinoti makaita wedenga,
Ndinoti makaita!

Ndaiva ndaramba

Mwoyo wakatadza kunzwisisa zvizhinji,
Ndafungisisa ndakati zverwendo kwete,
Mafambiro enyaya akaunza mibvunzo,
Mwoyo ukatadza kunzwisisa zvizhinji.

Tsanangudzo dzakauya,
Asi ndaramba ...
Rwendo rwaizounza pundutso?
Asi mafambiro akaunza mubvunzo.

Nanhasi hana inorova,
Handizivi inotyei?
Pamwe hope dzinombopera,
Handizivi hana inotyei parwendo urwu?
Chingava chii?
Asi ndaiva ndaramba.

Wakandigumbura paya!

Rakacheka nyika mwaka uya,
Rawakatura rakabaya wangu mwoyo,
Ini ndaiti ndima yedu ipere,

Mangwana tizokohwawo sevamwe.

Wakataura zvakaunza goredema pangu pameso,
Kubva zuva iri hana inongorova,
Ndinotya uye kudedera ndarangarira,
Awakataura anorema.

Chokwadi here kuti "Hauna kundiudza ndichasakura ...?"
Handina kuziva zvakarevei,
Nanhasi hana inorova ndotondera,
Wakandigumbura paya ndotondera.

Dzakaronda rwendo rwazuro ndangariro,
Marwadzo ndokusvika kumwoyo,
Mhinduro ndakakwenya musoro ikaramba,
Iyo hana ichitsva neshungu.

Wakanga uchiri kuda chin'ai paya!
Waiti uri kutaura rinovaka paya!
Iii mwoyo wangu wakarwadziwa.
Wakandigumbura paya!

Vechidiki yambiro ndiyoyi

Ura hwangu hunoteta,
Meso aona chisionekwi zuro tichakura,
Zvomoisa ura panyanga dzamushore,
Zvomochera mwena nemiromo iwo maoko aripo!

Ityai mose imi vechidiki,
Nyika yamera madhunamutuna,
Nyika yazara mhumhi namapere,
Munodyiwa rakacheka nyika,
Haichazenguriri nyika, nyika haichina matyira.
Munooneswa tsvuku kusvika mamera nyanga,
Kushandiswa kusvika makumbo akombama sechipendani,
Iwo maoko aparuka nokutsemuka Seiko ...?
Sedemhe rekamba!! Inzwai vana imi,
Misoro isati yongoti rengu rengu samazengairwa,
Mazengairwa akagomara pfungwa sedahwa kurara pakati penzira.

Tipeiwo nzeve mose imi vechidiki,
Tipei tiparure chisati chasvika chando.
Nokuti haimiri nguva,
Yaenda nguva, yaenda,
Musapedzera miseve kumakunguwo; hanga dzichauya.
Musamedza makorwa nyange zvodii,
Mandikurumidzira wakazvara mandinonokera.

Vechidiki imi mose,
Tarisai rachena vhudzi,
Tarisai dzakura mhanza,
Zvose kureva takabva nako kumhunga,
Vana Hatinzwe, Ndoitwei nanaMuchandiona,
Taivawo navo tichakura,
Zvimiti minzeve vakarovera,
Vachitaura akagomara, magaramwoyo,
Asi nhasi vopurura,
Vapera sesipo kuwacha, izvo zviuno semago mugura,
Vodziisa namabhanana,
Kumedza vachingoda bedzi nhete inomhanya senhanzva.

Inzwai vechidiki imi mose,
Tarisai vana mai vachema vose nhasi,
Chokwadi ura hworwadza, kuzvara ndokumwe.
Chipai dzenyu nzeve musati mava yemagora,
Chipai dzenyu nzeve nhasi nyanduri asimuka zvakare,
Okwana zvake mushangu dzatete nasekuru,
Oshaura pasina kuzengurira mukwidza kana materu,
Asi muvhangeri maigonyesa maoko,
Muchiti vachakwangwaya nenhamo;
Zvino nyanduri ndimafirakureva,
Nokuti shuwiro yake upenyu kwamuri,
Kwete munamba, uchi kana zvemubindu.

Ndinodaro nokuti hapana chamati maona,
Kana kunzwa nedzenyu nzeve, hapana.
Kugara nhaka huona dzevamwe,
Naikowo kuziva mbuya huudzwa,
Ndambakuudzwa akasiya jira mumasese,
Kanawo rume rimwe harikombi churu,
Chako wega mukonde wesadza,
Mazano moto unogokanwa,

Saka nyanduri nhasi achiti:
Tiwadzane, tivakane,
Tidzidzane, Tidzidzisane,
Tive pamwe, Tive namo,
Tifambe semhuri imwe,
Ine mufungo mumwe,
Ine donzo rimwe,
Kudziva muvengi usapinde pazinyekenyeke.

Kuti chimire chidziro

Hachimire nezuva rimwe kwete,
Hachimiswe neruoko rumwe kwete, kwete nemunwe umwe,
Vakati vakuru rume rimwe harikombi churu,
Naichowo chara chimwe hachitswanyi inda,
Chokwadi chako wega mukonde wesadza,
Uye imbwa mbiri hadzitorererwe sadza.

Chidziro chiri kusumuka, vane meso,
Asi iwe uri papi, nokuti zvinoda iwe,
Uri papi?
Usafadzwa nokunzwa,
Uri papi chidziro chinoda iwe.

Vachiti hachimiri chidziro, iwe iti chinomira,
Vachiti chinowa chidziro, iwe iti chinomira,
Vachiti chiri kunonoka, iwe iti zvakanaka zvakadaro,
Nokuti iwe uripo zvirokwazvo,
Pari papi panoda rwako ruoko,
Pari papi panoda rako simba,
Pari papi panoda yako homwe,
Kuti chidziro chisimuke.

Wona ramangwana urarame mariri nhasi,
Simudza hwako uso utarise mberi,
Moshumira muripo paye uchipupura:
'Ndaivapo chidziro chichisimuka,
Rwangu ruoko ndikatsvetawopo pachidziro,
Nedzanguwo njere ndikatsvetapo pachidziro.'

Ziva haisi nyore chidziro chisimuke,

Zvinorwadza zvinoda kushinga,
Kushinga kuona ramangwana,
Ramangwana risiri nyore,
Ramangwana rinoda chirwirangwe.

Wadaro zvinoitika zvishamiso,
Zvishamiso rakacheka nyika,
Vagosara vakati kanha,
Vamwe vokwenyana zvisingatendeseke,
Wasimudza chidziro hande,
Vachiti taiva naye, tinomuziva,
Asi zvino iwe watosimudza chako chidziro kare.

Yandisakadza nhasi

Namaneto azuro ndinoti kwanyamu sendatsva,
Meso mabvazuva akaringa ichiyerera namatama,
Nezuro maodzanyemba akava mashangurapata ndikavata nayo,
Asika sango rinopa aneta anofamba akatendeka.

Muromo uri papata kuoma rakacheka nyika,
Ndinoonekwa ndiri tande nenzira,
Gotsi riri papata vhudzi nenzara, royerera,
Amadunhurirwa vokanda zvavo semiseve.

Dzinondiruma nyoka dzomudumbu sedzatumwa,
VaNyakutumbura ndotukirira nechomumwoyo.
Ko vakandiunzirei panhamo yakadai?
Nhamo inodzinina semvura yechitubu siku nesikati,
Ivo amai vake nyikadzimu.
Zvino anganyaradze asina kusveta dzake nyatso ndiani?

Yuwi..! Yuwi..! zvondotofa nhai!
Kana ane masvusvu hapana here vehama?
Vakomana imi, dzorai mwoyo kani,
Amai vangu kani, aChihera kani!
Chokwadi hamuchina chinhu mudumbu,
Munondinzwa here amai?

Rondonyura matuzu anondimisa,
Pondozoti zenda ondiba mazikope,

Anotyisa oshanya maroto,
Pakuedza zvidzimu ndoona pamuromo.

Chokwadi yandionesa chineka nhamo,
Yandipukuta ikandiyanika pagwenga,
Dzvinyu risina gushe vodana nhasi,
Hadyana voisa pahuva ndichisvika,
Yandisakadza, yandipedza nhamo.

Pokutangira ndashaya hama,
Ndafunga ndikafunganya vehama,
Asi pokutangira ndashaya,
Ndashayisisa ndafungisisa,
Ndibatsireiwo vehama.

Amai musimboti

Zvinoshungurudza nokudzimba mwoyo,
Paye woona vamwe voti, 'amai ...'
Woona vombundirana chokwadi norudo,
Vako vave nyikadzimu amai.

Amai musimboti woupenyu,
Pana amai hapana zinyekenyeke,
Pana amai pane rudo,
Pana amai pane mufaro.

Vaenda amai worangarira,
Nherera inoguta musi wafa mai,
Worangarira nherera haina zororo,
Anoriritira asi wake hapana,
Pana amai anoda sadza,
Haapihwe matombo,
Pana amai anoda hove,
Haapihwe nyoka,
Nokuti amai rudo,
Rudo rwusina muganhu,
Amai ibango,
Bango risingazunguzike,
Nokudaro kushaikwa kwavo inhamo,
Nhamo isingadi hakata,

Nhamo isina anopedza,
Nokuti amai ndivo musimboti.

Nemwoyo vanoraya amai,
Nemwoyo vanopanga amai,
Nemwoyo vanoranga amai,
Nokuti rwavo rudo rwukuru,
Rudo rwepasi pemwoyo.

Chokwadi vakamborerwa zvavo,
Vanoti vachamuka, 'amai ...'
Voona amai vavo,
Vako vave nyikadzimu.

Yamera ziso

Ndiani anopokana wezera redu?
Vakauya makorwa aya achiri rungano,
Oita sendumurwa ruware mumapani,
Chisionekwi paye patakura.

Ndufu zuro dzaivhundutsa,
Muviri setsanga wodedera,
Chando nourozvi chobata,
Okutaura opera sechadzimira.

Rufu chimbo chaityisa,
Kunyange ahweturwa anga ozorwa ndove,
Asi nhasi chava chimbo chenguva dzose,
Mhere masikati, manheru choshamisa chii?

Makare kare yaive mukadzi chembere,
Mumba chin'ai chotosviba,
Asi kwaipa nhasi vehama,
Yamera minzwa nzanga yedu.

Makare-kare edu pose taitsika,
Takakotsira, takadhakwa mberi taisvika,
Asi iii! Nhasi masamba asiyana,
Pokutsika poda shangu.

Makare kare edu pose pose taitsika,
Asi poda shangu pose nhasi,
Pokubata pose pobaya somupangara,
Nhaka anosara hapana.

Kare kedu zvaifadza kuona yogagaira mhandara,
Sechindumure woyereverwa noumhizha hwaMwari,
Woona setwiza wakamira mutsipa,
Chipfuva, nhendeshure zvakazara senwiwa,
Asi nhasi pokutsika ponetsa.

Kare kedu zvaifadza yogagaira mhandara,
Nhasi madokera, mabvazuva hwaa,
Dzakaenda nenhembe, madzimbuya nanatete,
Zvino mumamana ano muchasara ani?

Kare kedu zvaifadza yogagaira mhandara,
Asi nevane mukaka pamhuno chitsva hapana,
Mwana oitawo wake semhashu musaga tozara zvedu,
Zvino pane angararame ipapa?

Ndomuitirei?

Pamusana perudo nenyasha dzake,
Nemabvi ndingagwadama,
Ndichisusukidza angu matendo,
Kana iye Mwari amubetsere,
Kuringa nhasi renge jee,
Asi nzombe huru yakabva mukurerwa,
Woringisa nhasi hazvichatendeseki,
Asi dzake nyatso dzakayamwa,
Muchibereko chake ndikagara,
Ini naye tiri munhu mumwe imwe nguva,
Iye weShava yekwa Mwendamberi musikana,
Okutenda anondiperera,
Ndikamuringa mwana waGwenzi,
Asi vanoti kutenda kwakitsi,
Nemwoyo unoda ndinomuitirei nhasi,
Nechido ndinopererwa,
Ndoimba zvangu,"Ndinomuitirei..."
Ndoudzwa madzudzo handitendiseki,

Handitendi hama,
Zvinotaridza zvaiva gomo,
Asi mukadzi mupangami akakunda,
Nhasi vanonongedza vose,
Hanzi jaya redu guru,
Baba vemusha,
Asi semvemve akamboraswa,
Inguva upenyu hunodaro,
Saka ndichiti ndinomuitirei nhasi ?
Ndirege, ndinofunga ndinofunganya,
Asi ematendo anditiza chose,
Ndinongoimba,"Ndinomuitirei...?"
Nhasi ndave chigondora,
Asi pane rukuvhute anoziva ndiye,
Vangati ava nembiri nhasi,
Vangati akabudirira,
Vangati otaridzika chose,
Asi zvose mukadzi mupangani anoziva,
Ndofungisisa ndinoti norudo,
Ndinomuitirei nhasi..?

Mwana wevaridzi

Rufaro rwunotubwida nhasi,
Makumbo otambirika seachavhunika,
Zvavepo zvofadza vose navacheche,
Asingafari ndiani asingabate-bate?

Urongwa hwenyu hauna negwapa,
Makashinga tarisai kuna Zame,
Mazano adzika shure bodo,
Njere mapiwa mberi moringa,
Kufamba kwenyu kutsvene mwanangu,
Dai ndichafema vongonongedza,
Unoti ndaisanzwa manyawi ..!
Usandinyadzise mwanangu.

Handichapanga nhasi Pachii mwanangu,
Rimwero razuro nanhasi,
Kana vadiki matsimba havangarasike,
Shinga woshingirira mwanangu.

Dzinobaya shungu mwanangu,
Nemamvemve angu ndaishuwira zuva iri,
Ponzi nechipo vauye vomuchati amai,
Ndofamba zvangu vose vakaringa,
Handina kukwanisa kumirira iyi nguva mwanangu,
Asi ngazvifadze.

Ita zvakanaka mwanangu,
Kana Mwari vanokomborera,
Turira zvose kwaari,
Usaita musiidzirwa zvakaita vako baba,
Nhamo yacho unoziva Pachii,
Tarisa wakarooreswa amai gore riya.

Ramba uri mwana ane mwoyo wandaiziva,
Ramba uri mwana ane mwoyo une rudo,
Ramba uri mwana anonzi mwana pasina amai vake,
Ukadaro mwanangu wandipembedza,
Ukadaro mwanangu kana ndirikuno ndingafare.
Mwanangu ita zvine chiedza,
Usatadzira Mwari wako,
Muitire zvose nomwoyo unomutya,
Kana zvaunoda haungashaye.

Mwanangu kana wada mwana wevaridzi,
Mwanangu kana washinga kutora mwana wevaridzi,
Revesa nomwoyo woita zvose norudo,
Kwete zvandakaitwa ini nababa vako,
Tarisa zvino nhamo yavakandipa mwanangu,
Ivo vabvisa umhandara hwangu,
Dai vasina kundikanganisa baba vako mwanangu,
Kana nhasi vana vangu vaine mutupo mumwe,
Vakandirwadzisa baba vako Pachii,
Iwe kana wada mwana wevaridzi woita zvinodadisa,
Ndingazofara mwanangu.

Zuva rokupedzisira

Ndipo paye mwana waGwenzi,
Misodzi ichiyerera senzizi muzhizha,

Wakaringa mudenga sewakarara,
Pandakuona rwekupedzisira,
Paye mumuzinda wevakapurura,
Pedzezvo vobva vavhara zvavo.

Mwoyo wakabaikana kusvika pasi pasi,
Simba ndokundiperera seuyo wokomoka,
Mufungo wondiperera shava,
Zvemberi zvotyisa pondofunganya,
Risina amai ramangwana ..!
Zvaivhundutsa zvorwadza pakare,
Zvaindirwadza pondoyeuka zuro,
Ndoona mabhindauko emwanasikana,
Ndoona upangami hwemwanasikana,
Ndoona shungu dzetariro yemberi,
Asi zvose nhasi ..!
Amai makandirwadzisa.

Nguva dzoenda kumasikati,
Vakadungamidzana vose vehama,
Vana Sahwira nevamwe vose,
Vonokuzorodza mako mumba,
Mumba mawaizogara wega zvako,
Musina kana akasveta dzako nyatso,
Aizosvika kuzotandara newe,
Pasina kana wehama aizoti maswera sei?
Pasina kana aizonzwa rako izwi zvakare.

Paye vokudzikisa vakandibvisa,
Ko handaifanira kuona kudzika kwako!
Ndakarwadziwa amai,
Ndakashungurudzwa amai,
Ndakachema amai,
Asi iwe mwoyo waiva washingisa,
Kurwendo rwako hawaizodzoka,
Unoti dai wakadzoka ndaisafara,
Amai, ko makadii kuramba ...
Maitika vana vachiri vadiki,
Asi maiti Pachii akuva ..?
Ko, Tafadzwa wenyu,
Manyara, Makaita namai Tinotenda,
Dai makaramba amai,

Kana vana venyu.

Inga maiziva wani takasimba,
Kusimba zvokurwira amai,
Narinhi chokwadi ichayerera misodzi,
Iwo marwadzo achititambudza.

Zororai murugare amai,
Yeukai amai vana tose,
Chengetai amai vana tose,
Nezuva raakatara tichaonanazve.

Ndaimuda Makaita

Nemwoyo ndaimuda Makaita,
Nenduma kuna tete ndikasvitsa,
Kana iye anopupura,
Mangu mumwoyo hapanazve mumwe wandaizoda,
Pasipano wandaizodazve hapana,
Chitsidzo ndaive ndaita,
Kana iye anopupura,
Pandaive naye pose,
Mwoyo wainyevenuka,
Torongana ramangwana,
Risina kuzovapo,
Dzorudo dzose ndakaimba,
Kana iye anopupura,
Ndaimuda Makaita,
Ndirere nezviroto taishamwaridzana,
Ndamuka tosimudzira,
Kudzamara ndava pamusorosoro,
Ndotoona pandaida kusvika,
Ndogadzirira,
Nhungo nembariro,
Ndichiti tozorora zvedu,
Asi nenguva imweyo,
Ine chipfukuto yakavhuvhuta mhepo,
Kuvhuvhuta kwakandisiya awoma mate mukanwa,
Ndokuzozvinyaradza zvangu yakamokotera,
Ndoimba nechemumwoyo,
Rumbo rwangu rwenguva dzose,

Rumbo rwaindinyaradza,
Rumbo rwake Makaita,
Rumbo rwaaiziva,
Ndaimuda Makaita.

Chembere mukadzi

Zuro ndufu dzaivhundutsa.
Kunyangwe kune ange ozorwa ndove,
Nhasi rwaita rwiyo rwusingaperi,
Mhere masikati, manheru choshamisa chii?

Kare kedu chembere aive mukadzi.
Imba yedu yotosviba nechin'ai,
Asi nhasi kwaipa vehama,
Pokutsika pave kunetsa,
Pokubata pose pavekubaya semupangara,
Nhaka anosara hapana.

Kare kedu zvaifadza ichigagaira mhandara,
Kana zvarakamwe zvaigashirwa,
Nhasi madokera, mabvezuva kana wakatendeka,
Nevane mukaka pamhino chitsva hapana,
Zvino pane angararame ipapo.

Misodzi yedangwe

Dai wakataura nenzwi randaiziva,
Dai wakamuka ukagara amai,
Dai paye wakanditarisa zvandaiziva,
Pamwe ndainzwa shungu ako amai.

Zvose hapana chawakataura amai,
Uchiti: 'zvino uchapangwa nani,
Zvose zvoupenyu uchiti ndichaudzwa nani?'
Ndiani anopanga asiri wake, haa ...
Handiti akapa nyatso ndiye anoraya oga.

Ko nemhuri iyi ndinotangira papi?
Ko sei usina kundiudza amai?

Wakaitirei gwara mukadzi mupangami?
Zvino ndichakwanisa ndoga ...
Wakandirwadzisa Shava,
Wakandiomesera mwana waGwenzi.

Ndizvo zvawandiitira dangwe,
Asika mumwe anorongerwa amai,
Mamwe anosiyirwa mazano amai,
Ko iwe nhai mhayi,
Wakaitirei gwara rakadai,
Wakandirwadzisa amai,
Wakandirwadzisa Shava.
Zvisinei zorora murugare amai.

Mwoyo wemunhu

Senyama hauore mwoyo wemunhu,
Nguva inogona kudyana zvayo,
Asi mweya wake unodzungaira,
Mweya wake unotenderera,
Uchirwadza nokurozvwa.

Unogona kufara nepundutso yemwoyo wemunhu,
Asi mufaro uyu mwena, unoguma,
Upfumi hunogona kuita jakachaka pabango pako,
Dzine mazamu unogona kuuraya mombe nembudzi,
Asi kana usati wazorora mweya wake,
Iwe hapana kuresa kwaunosvika.

Unogona kupisa mbanda zuva nezuva,
Unogona kurasirira nehuku nhema,
Pamwe nembudzi chaiyo,
Asi mwoyo wemunhu hama,
Hautengwe nehuku,
Mwoyo wemunhu hautengwi nembudzi.

Kana mweya wake wadzengerera waneta,
Chiyeuka chivi chinodya mwene wacho,
Anodya chebanga anofa nebanga,
Kana zuva hazvitori kuita musha dongo.

Mwoyo wemunhu unokosha hama,
Mweya wemunhu unokosha,
Munhu haisi mombe inofa nebanga,
Kana zvadai munhu haarove,
Chirega kukanganwa misi iri yose,
Mushonga wengozi kuripa.
Ukaona zvino vehama morovana misoro,
Ukaona manenji asingaperi mumusha,
Wokokorodza vehama nguva ichiripo.

Ukaona mashura oenda mumusha memukwasha,
Ukaona mapfumo opesana mumhepo,
Woziva chawakadya chamuka,
Woziva manga chena inoparira parere nhema,
Wosunga pasina zinyeke-nyeke.

Munhu anozorora nerwaMwari hama,
Iwe kana zvadai woreurura,
Worovera mwoyo padombo,
Usati wabviswa chiri kumeso,
Mwoyo wemunhu unokosha,
Mweya wemunhu hausi wedambe nawo,
Mwoyo wemunhu hauiswe pamushonga,
Mweya wemunhu haurove sewemombe,
Mwoyo wemunhu ngauremekedzwe.

LIVESON TATIRA

Rurumi rwedu

Dzimwe ndudzi dzinotaura nendimi dzadzo,
Pavanosangana vachena vanoputisa Chingezi,
Machainizi anochainiza chiChaina,
Maputukezi anoputukeza chiPutukezi.

Ko isu VaShona tinonyarei nechedu ChiShona?
Panosangana VaShona, vachinge vabopa gavi remucheno wonzwa chava Chingezi.
Vaya vanogerwa mapumhu segwenhure,
Vasangana chava Chirungu chete,
Vanakomana nevasikana vemitodo inoti mbamba kushinya,
Wavo mutauro vosema asi ivo vachisemesa vanovaona.

Tose zvatinonzwanana neChiShona, Chirungu chodei vehama?
Kunyange vamwe vabereki mudzimba ChiShona havachadi.
Kwanzi kubudirira kuramba wedu mutauro, ChiShona,
Vataure Chirungu nevabereki.
Baba nomwana, kwanzi ndiko kukwazisana,
Munoti vachena vachizviona havatiseki?

Kumusha, zvotaurwa chembere hadzichanzwi.
Veganda dema voturikirana kuti vanzwane.
Vanzwane vanhu vendimi imwe.
Zvazvinonyadzisa muZimbabwe yakasunguka.
Takazvisunungura paudzvanyiriri,
Kunyange paudzvanyiriri hwemutauro,
Ko zvino seiko vamwe vedu nanhasi tichakazvidzvanyirira?
Rurimi rwedu ruchataurwa nani ramangwana?
Kana nhasi nhiyo dzedu dzorusema,
Dzorusema dzichiyemura dzavamwe ndimi.
Tokudza ndimi dzavamwe, rwedu ruchifa,
Tsumo, madimikira nenyaudzosingwi,
Nefananidzo zvichataurwa nani mangwana?
Ivo vedu vana zvavava vaNgezi!

Tokundwa nemhuka here vehama?
Mombe inoziva wani kukuma zvose nemhuru yayo.

Mbudzi inoziva wani kuchema zvose nembudzana yayo,
Jongwe rinoziva kurira zvose nenhiyo yaro,
Gwai rinoziva wani kuchema zvose negwayana raro,
Makambonzwa mbwanana ichikuma here?
Kana kunzwa jongwe richihukura?
Zvino vehama tinodirei kukundwa nemhuka takatarisa?

Wandinyudza mudziva

Ndichiri kurangarira uchiri jaya,
Pawaindifambira siku nesikati,
Nembwa dzokwedu pawairumwa chikatekate,
Ndaikunzwira tsitsi apo waifamba mitunhu nemitunhu,
Ndaimbokurambidza kuuya svondo rimwe nerimwe,
Asi iwe waiti ndisipo dzako hope dzinokuramba,
Wairumwa nemago uchivanda vangu vabereki mumakwenzi,
Nembwa dzekumamana dzakanga dzoziva hwako hwema,
Zvana zvakanga zvokudana nemutupo,
Navo vemombe vafudzi vakanga vokuziva kunyange negotsi.

Nhasi wapindwa nei murume wangu?
Zvowondinyudza mudziva iwe uchibira mhiri,
Chakufadza mhiri ikweyo chii?
Chii chawashaya pandiri ini mukadzi wako?

Hezvo ndonzwa nemakuhwa kuti sekeretari.
Wako ane mwana newe,
Kwanzi mava kutorojerana dzimba,
Zvonzi vake vana ndiwe wopinza chikoro,
Nguva ipi zvayo zvonzi momveesana,
Monanaidzana muchidya tunovavira mose.

Ndonzwazve zvonzi imwe mai yawakakwidziridza woshamwaridzana nayo.
Asi nemurume wacho munomwa mose doro,
Haunyari here baba vevana vangu?
Paanozviziva kuti ndizvo zvauri unonyarirepi?

Zuva nezuva unouya waneta.
Umaneja hwako handi hwebhiro here?
Bhiro inonetesa kudero here kunge foshoro nepiki?

Nhasi wati tanga tinomusangano,
Mangwana ndipo pazviri!
Musangano rudzii unopera kwoedza?

Ko nhamba dzenhare dziri mubhachi rako ndedzani?
Ko kumusangano kwenyu kunodyiwei?
Hembe yako chena inodzoka yazara,
Yazara pendi tsvuku inenge ropa,
Handiwo here maripisitiki asekiritari wako?
Ko hwema hwaunouya wava nahwo unohuwanepi?

Ko icho chifoni chako chaunodavirira muchimbuzi, muno hachitauri here?
Sei uchiti chotanga kurira, woenda kuchimbuzi?
Chinokunzwisa manyoka here ndimbochitoravo murume wangu?
Zvimwe ndingakuzorodza kumhanya neako manyoka,
Kana chichirwarisa tichidzosere,
Tichidzosere kwatakachitenga tishandise dzedu dzatajaira,
Iyo foni inozomboti svika kubasa,
Iwe warara ifoni rudzii?
Ndizvo zvinoita mamaneja ose here murume wangu?

Sei uchindinyudza mudziva randisingagoni kushambira?
Iwe zvako woshambira naana Funurwachiso,
Mutambo wawatanga une maronda nemisodzi,
Maronda acho auchazopa ini ndosuka, misodzi ndopukuta,
Ndipo unenge wosemwa naana Funurachiso,
Paunozodzoka ini ndinenge ndokufuratira,
Ndokufuratira nokuti zvaunenge wadya zvinenge zvava neuturu,
Saka ini handidi kufa ndakasvunura sedemba hamawe,
Uku uriwe wandinyudza mudziva rine ngwena!

Ngatichengetedze sango

Sango rinochengeta mhuka netumbuyu.
Sango rinochengeta vanhu neshiri,
Asi iro sango rinoda kuchengetwa navanhu,
Vanhu vakasarichengeta sango, mangwana vanochema.

Vachachema nyika yose yava gwenga.
Miti inodzivirira gwezvavhu panenge pasisina,
Nyika inenge yangoti mbe-e kuchena,

Kana kamumvuri panenge pasisina,
Zuva rinenge ropisa kunge mvuto.

Shiri dzinenge dzoshaya pokukandirira.
Vanhu vanenge vongotosvorwa nehuruva,
Huruva inenge ichisimudzwa nemhepo,
Kunyange murakani wekuisa mugadheni panenge pasisina,
Chinenge chongowanikwa makoronga chete.

Michero yesango inotsakatika.
Matamba, nhunguru, matunduru dzinenge dzava ngano,
Ngano dzinoudzwa vazukuru kuti zvaimbovako kare,
Nekuti sango rinenge risisipo.

Zvekungotema miti kutengesa huni kwete.
Zvekungotema tema miti ngazviregerwe,
Kurima nekugara mumakomo sembira kwete,
Miti yekutema nekutengesa huni migamutirii,
Vonoda zvekutema nekutengesa ngavasime migamutirii.

Zvokupisa masango muchirimo ngazvipere.
Ngazviregwe nokuti kana nyika yasvuuka,
Ivhu rinozoerera,
Ivhu raerera rosara chekudya harichina,
Harichina nokuti runenge rwava rukangararwe,
Makore matatu mana nyika yangova makoronga,
Makoronga opazura nyika yose.

Ungwaru hweChiShona chedu

Vakuru vedu vaiva nyanzvi pakufunga,
Pakufunga rudzi rwaiva rusina mukuriri,
Zviera vaishandisa, kushandisa kuraya vavo vana.
Hapana mwana wekare akanga asingatyi zviera,
Ndosaka vana vairangwa nekushandisa zviera.

Zvanzi usagara pfihwa nokuti unozoponda mudzimai.
Izvo vaitya kuti pwere dzingatsva magaro,
Vaizviziva kuti hazvina undere kugara panobikirwa,
Kana kuti vaigona kuzoshaya mapfihwa voda kubika,
Duri rairambidzwa vanhukadzi kugara,

Kwanzi wagara duri anozoita muroyi.
Izvo vaiziva kuti hazvina undere kugara duri.

Hapana chaikosheswa muupenyu setsika dzokudya.
Hapana mwana waitenderwa kudya achitaura kana neko akachonjomara,
Zvokudya zvaifanirwa kupiwa ruremekedzo,
Saka zvainzi ukadya wakarara unoita makuvhu maviri,
Kana kuti ukadya wakarara unoinda dumbu padivi.

Mukova inzvimbo inopinda nomunhu wese mumba.
Hapana aibvumidzwa kuurerusa nokugara pauri,
Waizonzwa voti ukagara pamukova unozoroya,
Ndiani anoda kuva muroyi, asemwe nevanhu,
Saka chero pwere nhubu hayaizogarapo,
Kwainzizve ukagara pamukova unozodzinga vaeni,
Ivo vaeni vaikosheswa, hunzi vanounza makomborero pamba.

Hapana chinoyemurwa sekugara zvakanaka,
Kugara zvakanaka nevamwe paChiShona chedu,
Munhu anofanira kugara zvakanaka navabereki vake,
Ndosaka vaizoti ukarova mai unotanda botso,
Kugara wakapa mumwe gotsi zvainzi munozovengana,
Ukapfira mumwe mate aizoita mhopo,
Ukauruka umwe akagara pasi haaizoreba.

Vana vaifanira kuzvichengeta nekuzvichenjerera munjodzi.
Wainzwa vachiti usasona mbatya wakaipfeka,
Kwanzi ukasona wakaipfeka unosonera nhamo pamuviri,
Vamwe ndivo vaiti ukadero unozoshaya mwana,
Ukagara mumugwagwa waizoita mamota kumagaro,
Ukauraira nhunzi mumaoko ako waizoita munyama,
Ukagara kumusoro komucheche akavata aizorwara,
Unhubu nokuba zvaisakurudzirwa,
Kwanzi ukadongorera munhu achigeza,
Waizoita showera,
Mukomana akadongorera muhadyana aizoita mahobi,
Mukomana akakokota mugoti aizomera mazamo anorembera seemukadzi,
Ukaisa mwana pamapfudzi uri mumba waizokura achiba,
Mukatambidzana mwana nepahwindo aizokura achiba,
Ndizvo hwose hwaiva ungwaru hwavo vedu vana Sorojena.

Mudzidzisi

Mangwanani mamwe neamwe anomuka,
Kumuka kugadzirira basa rechikoro,
Pane uswa, mapepa, zvitanda nezvinjeke,
Zvotorwa mwene godobori ronorapa murwere.

Madziro anoshongedzwa nemapepa.
Pano pane motokari, apo pane nyika dzepasi rose,
Pamwe apo anongova madandemutande,
Zvotoda iye mudzidzisi kuzvidudzira.

Kuita kose uku kutamburira rudzi.
Rudzi rwamangwana kuti ruve nepunduso,
Chibhera chinorira vana vokwaziswa,
Kungogara pasi kwavo chidziro choparapadzwa,
Kunyangwe huku inotsvara inosara pasi.

Ziya rinotikitira, kutikitira kudarika hwepura badza,
Nyanzvi pakurima,
Chiona Timo naPeturo, munyaya tekeshe,
Kana ari Chenhamo ngonono otambidzana naChenzira.

Basa rekunyora vana vopiwa, vonyora voverengeka.
Rudhende zvichemo chete,
Mudzidzisi ndasiya chinyoreso,
Mudzidzisi ndasiya bhuku,
Mudzidzisi bhuku rangu rakapera,
Mudzidzisi nhasi ndinorwara.

Ndiyo nhamo inomudzidzisi.
Dzimwe nguva ziya rinoperera pasina, kurima chirimo,
Mudzidzisi achishanda kuvaka Zimbabwe.
Vehama ngatibatsiranei nemudzidzisi kuvaka Zimbabwe,
Zimbabwe inovakwa muzvikoro,
Zimbabwe inovakwa mudzimba,
Ndiko kunge mudzidzisi navabereki vaita mukomberanwa.

Haisi mhosva yemudzidzisi chete,
Kana mwana akundikana wehama,
Rume rimwe harikombi churu,
Mudzidzisi nevabereki ngavakombe dambudziko,
Dambudziko reutununu riri muvana.

Makaita Gumbo Madyirapazhe

Chifeke Ndoro aive murume svinu.
Akazvarwa nemuera gumbo, ariye nevanji,
Mumba mune vana vana,
Kunotanga iye Ndorochena, kouya Muzvondiwa,
Kobvezvo kouya Ranganai-Masimirambwa,
Kwozopedzisira chisikana, Marurumwa.

Yakaita chembere muera Zhou, VaMuchavanzei,
Vakandizvarira baba vakandirera nerudo,
Ndakadzidza zvakawanda zveupenyu,
Kuvaka baba vangu yaive nyanzvi yaizikanwa chose,
Usimbe ndirwo rwakazondiriga, ndingadai zvino ndava muvaki,
Muvaki wamandorokwati.

Nhumbi dzebasa dzose vakandisiira.
Kundisiira vachiti ndigotanga ramangwana nyore,
Zvirugu zvehuku, tsapi nematura,
Ichokwadi ndingadai ndave nyanzvi pakuvaka.

Baba vakazondisiya ndisati ndogona dzimba.
Zvisinei vakuru vakati chava chigondora chava chimombe,
Kutadza kufura rwava urema rwacho,
Handizvo zvoga zvamakandidzidzisa,
Kutaura idi rangu rose makati ndiwo mushonga wechokwadi mukugara,
Kutsungirira pane chimwe nechimwe chandinoita,
Mukati ndiwo mushonga webudiriro muupenyu,
Maigara muchitaura kuti hapana muera gumbo wakapata,
Hapana muera gumbo simbe,
Hapana muera gumbo asina njere,
Hapana muera gumbo ...
Mutupo wenyu maimuda,
Mutupo wenyu maimukudza,
Mutupo wenyu maidada nawo,
Ndinozvitenda Chitova,
Ndinozvitenda Madyirapazhe,
Vaidyira pazhe vachitya vaera Shiri,
VeGona, veRufura, vanodya boora rechirimo.

Ndichiri kurangarira nanhasi,
Apo maigara nesu manheru,
Muchitiudza kugara zvakanaka nevamwe,

Muchitiudza kuti vemadhirezi vanopedza mari,
Muchitiudza kuti mari ndeyekuchengeta nekuita musoro nayo,
Muchitiudzazve kukosha kwedzidzo.

Maitiudza kuti vabereki vanofanira kuchengetwa.
Maitiudza kuti rudo pamhuri ndicho chikuru,
Maitiudza kuti tsika dzechirungu dzinoputsa mhuri.

Maitiudza kuti hama ihama hairashwi.
Chinorashwa kumarara mutorwa kwete hama,
Muchitsigira yevenyu vakuru: 'chawawana idya nehama, mutorwa ane hanganwa',
Nanhasi ndiri kurangarira mashoko enyu,
Ndirere, ndigere, ndichifamba,
Achiri matsva munzeve dzangu.

Deno dzangu nhiyo dzikaagamuchirawo.
Dzingava norudekaro mune radzo ramangwana,
Pandakafundisa muzvikoro zvakasiyana-siyana,
Enyu mashoko ndakakusha semukushi,
Chero zvazvo amwe akawira paruware nomunzira,
Ndinotenda amwe akawira pakaorera,
Ndinokutendai neenyu mapangwa Madyirapazhe, Ndorochena, Chifeke.

Makaita Chirandu

Mai vangu mukunda wekwaChirandu,
Mwana wechipiri waVaSin'iza,
Vakasiirwa zamu naTarusenga, ariye,
Chete hanzvadzi yavo.

Mbuya vangu VaMujuru vakatetsura,
Mhandara nomwe nejaya rimwe,
Ndinotenda MaChangani runova rudzi,
Rwaamai vangu,
Vakandizvarira muera moyo Chirandu.

Ndakadzidza zvakawanda kwavari.
Chikoro ndakatozosara kupinda chavo ndatopasa,
Ndakadzidza kumhorosa munhu upi zvake, nyange mupfuuri nezhira,
Ndakadzidza kuvhunza munhu mufaro ndakagara pasi,

Ndakadzidza kuzvininipisa,
Ndakadzidza kushanda mumunda senhapwa,
Asi ndichifara semwana wamambo.

Ndakadzidza kuita mutsa nevamwe.
Ndikadzidza nezvaMwari pamwechete nenziyo dzeDhachi,
Ndinorangarira ndichiri mudiki, tainamata tisati tavata,
Nziyo dzeDhachi taibvumira, muera moyo achivamba.

Ndinorangarira manzwi enyu emunamato,
Apo mainamatira Baba vari Harare kumazivandadzoka,
Madzikoma aiva kumisheni maivanamatira njere,
Isu taiva pamba maitinamatira simba remabasa apamba.

Ndinorangarira manheru muchibika sadza.
Chimhurepure sadza raiibva vana today,
Todya takafunya chisero.
Waitaura achidya mairambidza,
Mairambidza muchiti haazokuri,
Wadya akabata pasi maiti aregere,
Aregere nekuti munda hauzomeri.

Tapedza kudya maiti tiuchire.
Tiuchire titende amai vabika,
Madzoro ekupa imbwa sadza tairavana,
Kana tapedza rose sadza, umwe wedu aidzibikira,
Maigara makareva kuti imbwa haifaniri kuvata nezhara,
Kwanzi munhu akanaka anotaura, imbwa inoudza ani yanzwa zhara?
Awa mashoko aindibaya zuva nezuva.

Nhasi uno ndoarangarira, nezvose zvamakandipa.
Ndoedza kupa angu majeche,
Kuti ave neramangwana rine nduramo,
Ndaenda netwavo tuzukuru kumusha,
Hamaineta kuturaira,
Ndainzwa motwuudza renyu vhangeri reungwaru.

Dzimwe nguva twaiseka.
Dzimwe nguva twainyarara twakaringa chembere,
Hezvo zvotandara chembere netuzukuru,
Ndaiona pfungwa dzechembere dzodekara.

Mungano tuzukuru twaipangwa.
Chaizoodza moyo kuti zvizhinji twaikanganwa,
Zvimwe zvatwaihwa twairamba kutevedzera,
Tunoramba twafurirwa netumwe tupwere,
Haiwa ndinotenda MHAI CHIRANDU VEMOYO!

Moda zvipi?

Munhu haana mugoni.
Wagona munhu ndiye afa,
Ukageza zvonzi unovhaira,
Ugare nesvina zvonzi inguruve yemunhu.

Umhanyise motokari kwanzi anovhaira sepoto,
Ufambe zvishoma zvishoma kwanzi wakatenga mugweje,
Hoyo weshoka ari nani.

Ukati utsige kwanzi mwana uya muroyi.
Ukaseka uri mukadzi zvanzi uri nzenza,
Ukatsvuka zvanzi mukadzi mutsvuku,
Akasaroya imbavha,
Ukasviba kwanzi igorosviba hubvu ichena,
Munhu asimbe zvonzi mutsikapanotinhira, damburahembe,
Uchiondoroka zvonzi chirwere chakamumomotera,
Kwanzi kakadya purasitiki mukoranebande,
Vamwewo kwanzi kenge kakadya waya mukoranebhachi,
Toziva zvipi?

Utaurise pane vamwe kwanzi wakazhangandirisa.
Udzikame kwanzi anozviti akadzidza, haatauri nevasina kumedza mabhuku,
Usangane nevamwe pavakaungana kwanzi hoyo,
Wauya kuzotidadira,
Uzvitsaure zvonzi unozviidza mungezi,
Haadi kusangana nesu vanaTondori.

Ukatengeravo mhuri zvakanaka kwanzi,
Ko vedu vakashama haavapiwo,
Uvape zvonzi zvamuwandira,
Kutotipa madhende ake hanzi tisu tava rake gomba ramarara.

Ufambidzane nemukadzi zvonzi hero rakafuhwirwa.
Usiye mukadzi uchifamba woga zvonzi hero rine meso-meso,
Uswere kumunda zuva nezuva zvonzi,
Unozviita nyanzvi yebadza,
Uswere pamusha zvonzi heyo simbe garanehakata, nyipura inopona nekupemha.

Kwapisa zvonzi Mwari otikanga tiri vapenyu.
Kutonhore zvonzi mhanda yedu yogwamba,
Kunaise zvonzi Mwari wakarasha kiyi yedenga,
Kupise zvonzi Mwari watikanganwa.

Saka ndiani angagona munhu?
Musiki akamboedza kupa munhu twese,
Asi munhu haana mugoni,
Hama yangu usanetseka nezvinotaura vanhu,
Munhu agara haana mugoni,
Chikuru paupenyu kugutsikana,
Kugutsikana iwe pachako kuti zvaunoita zvakanaka,
Nokuti ukateerera zvavanhu ungagara wakagumbuka,
Nokuti munhu chaiye haana mugoni.

Tovaitirei vana vechikoro?

Mwana wechikoro haana mugoni.
Mugoni wake chitarafu chete?
Kumuudza muromo ndiwo unozvimba,
Asi ukamuudza nekumupa chitarafu ndima inenge yafamba.

Nguva yekuti mwana wechikoro adzidze,
Iye anoda kutamba,
Akapiwa nguva yekutamba kunhabvu nekumhanya,
Iye anoda kudzidza,
Tovaitirei vana vechikoro?

Ukamuti usadya muchikoro iye ndipo anoda kudya.
Dare rekudya rorira iye otanga kubata bhuku,
Saka tovaitirei vana vechikoro?

Ukamuti verenga nguva dzamanheru,
Iye anoda kuvata,

Popera nguva yekuverenga manheru iye oda kuverenga,
Tovaitirei vana vechikoro?

Ukamuti pfeka hunifomu pachikoro, iye haadi.
Anoda kupfeka zvinopfekwa navadzizdisi,
Pazororo pasina anoti ngaipfekwe hunifomu,
Iye womuona akarova yese namatumbu ayo,
Saka tovaitirei vana vechikoro?

Ukamuti tsinzinya tinamate,
Iye anosvinura achiita zhowezha,
Pabhora womuti kuza vatambi,
Zhowe-zhowe riye haachadi onyarara,
Saka tovaitirei vana vechikoro?

Ukamuti kasira kumuka ugoenda kuchikoro,
Unoona achimuka dova rapera,
Ukamuti mangwana Mugovera zorora usamuka,
Unoona munhu opumbuzira mudova,
Chamukirwa hapana,
Saka tovaitirei vana vechikoro?

Kumuti fodya usasvuta, asi iye anosvuta.
Doro usamwa, asi iye anomwa,
Zvavasikana usaita, asi iye tsamba ibesanwa,
Zvezvikomana rega, asi iye anosweropfipfinyika nazvo.
Saka tovaitirei vana vechikoro?

Kupiwa basa pachikoro zvanzi vadzidzisi vanonetsa.
Kugara pachikoro chisina kushambidzika monyunyutazve,
Mari yechikoro zvanzi yawandisa,
Kuita shoma, kuti mufare,
Moti toda sadza nechingwa zviwande,
Zvino zvotengwa nei mari iri shoma?
Tovaitirei vana vechikoro?

Hapana chinganakira mwana wechikoro.
Zvose 'zvakashata' zvaanoitirwa,
Zvinotozonaka apedza chikoro,
Otarisa sure kwaakabva.
Saka vadzidzisi musashushikana henyu,
Itai zvakanaka chete,

Chakanaka hachidzimwi nerima,
Vane njere nenduramo vachadzoka vokutendai,
Kutenda basa rakanaka ramakaita,
Inga vakuru vakataura wani:
Kutsiudza benzi tsiudza radzoka,
Imi mongozoti: "maida kuti tikuitirei vana vechikoro"?

Doro

Varume vakuru vanoti havadyi munya,
Asi doro rinopedza mazuva manomwe vanomwa,
Kwanzi mutakura washisha rashai,
Ko doro ramunomwa kuvava handikushisha?

Kupa murume mukuru mutuvi anosunga kumeso.
Asi kumupa doro anonyemwerera, hanzi itsurondisunge,
Chinovava chii mutuvi nedoro?
Kwanzi handidyi matunduru anovava,
Chinovava chii doro nedunduru?
Kupa murume mukuru mahewu avata,
Nekuswera anodzungudza,
Asi ndari zuva nezuva anomukira.

Kuti swerai muchidzana ndigokupai mari munoramba.
Asi kuswera nokuvatira kudzanira doro hamurambi,
Kuuchira muchidya vamwe hamudi,
Asi kuuchira muchipiwa doro,
Kunge uya anopiwa churu chamadhora.

Murume mukuru anogwesha segwavava,
Kugwesha achinyengerera mukombe,
Nyambo dzotangwa pandari,
Nyambo kuita kuri kunyengerera doro,
Kumwa mukombe mumwe, wetatu kwanzi,
Ndamwa neungwaru hwangu.

Mazano iwaya dai aishandiswa pabasa,
Pabasa apa munhu angadai ari nyanzvi,
Nyambo dzose dai dzaiiswa munduri,
Nduri idzi dzingadai dziri dzamandorokwati.

Doro zvarakadai rinobvisa chimiro.
Murume mukuru anofamba nemamhorodzi,
Mamhorodzi eweti pabhurukwa,
Kana vari vakadzi ramwiwa hapeno,
Ukaona ati pachena vhumbata senjiva,
Chiziva kuti otorasa mvura,
Zvadai chiziva kuti mukombe wotonga,
Varumevo kunongova kufuratira vanhu chete,
Yotoraswa mvura zvanzi chero ndakafuratira.

Paponde yekutanga vanhu vanenge vachienda kure.
Kuzoti yeshanu, yegumi vozvibetserera pamadziro,
Nyaya dzambotangwa riri zevezeve dzodanidzirwa,
Dzodanidzirwa mwene sapamusangano,
Guhwa riya fumu, mangwana yava ndava.

Nziyo dzinotanga dzichibvumiranwa,
Asi nguva yafamba umwe achivamba,
Mumwe anenge atova kumagumo kwarwo.
Kana vari vamwe vanenge voimba dzinopikisa,
Mvana dzanga dzichimbonzi imi dzonzi iwe,
Varume vanga vachimbonzi imi vonzi iwe,
Vanyarikani vozemberana,
Vozemberana vachiputisa chikwee,
Mate vopfirana pakutaura,
Hapana anopukuta omumwe mate,
Amwe anopinda muponde pasina anosema.

Ndizvo zvazvinoita pandari.
Kana chimera chavakurira paruzevha,
Hapana mukadzi wemunhu pandari,
Hapana murume wemunhu pandari,
Kana ravira chenjera,
Ukasachenjera, mukadzi waenda,
Waenda nedoro rendari,
Isu vanoona tobva tashamiswa: 'Chiri mudoro!"

Ndaikuda mwanawe!

Hapana umwe wandaida muupenyu.
Muupenyu hwangu ndaida iwe chete Sakiso,

Pandakakuti ba! Ndakadedera nerudo,
Rudo rwakandipa dzungu.

Pawakadarika nepandiri, ndakatura befu.
Ndakatsikitsira ndotya kutarisana newe,
Iwo ako meso achienda-enda,
Ndakazoti wafuratira ndipo pandakakutevera,
Iwe uchifamba seunotsika mudhishi reshuga,
Idzo nhanho uchiita kutsinha kunge mbuya vanokavira nyimo.

Pawakati cheu ndakaona uso hwako,
Uso hwaipenya kunge mheni yechirimo,
Pandakakanda rangu rerudo,
Iwe wakabvumira mudenga,
Ndakati kutamba izvo chaive chokwadi.

Ndakazvibvunza ndoga kuti iriva.
Rudzi rinoteya richibata ipapo,
Ndakanyemwererera ndokubata rwako ruoko,
Rwako ruoko rwakapfavira sedufi,
Wakaswederera zvishoma nezvishoma,
Kunge dhamba rinosungwa pajokwe.

Ziya rangu rakabuda kunyange kwaitonhora,
Chikumi wakapenga chando kuchena,
Tichifamba kudero hana yangu yaibika manhanga,
Chaidzoka chondityisa kukwaziswa kwawaiitwa,
Waikwaziswa nemajayasvinu,
Nyemwerero yako ndiyo yaindipa godo.

Ndaizvibvunza ndoga.
Ndingavaka imba ikamira here?
Denga ringatsvuka chin'ai here nezvandinoona?
Ndakarangarira tsumo yavakuru inoti,
Matende mashava ndiwo mavazva doro,
Rangu richavava here randavamba naSakiso,
Sakiso, Sakiso mheni yechirimo!
Zita racho raindipa manyawi.

Takaparadzana tikati mangwana togosangana.
Ndakakumirira nguva isati yambodii!
Hembe ndakachisa zvandisakamboita, svutu mupopopo jaya mufumi,

Ndakati ndichitarisa chiringazuva,
Ndakavhunza chavamwe ndichiti changu chakarasha,
Zvose zvaipindirana asi Sakiso haana kusvika.

Ndaneta nekugarira ndakafamba,
Ndakafamba ndodzokera kumba,
Musoro uripadivi senherera yaswera nenzara,
Ndakadarika napaimba yekudyira,
Ndikaona svusvurakwaedza Sakiso,
Sakiso akabata chibhokisi chemachipisi nehuku,
Paakandiona akapinda mudziva remota.

Akandisimudzira ruoko ndokunyemwerera.
Nyemwerero yakandifungisa chazuro,
Nanhasi ndinoyeuka nyemwerero yako Sakiso,
Chero pandiri ndichiri kuiona Sakiso,
Ndaikuda mwanawe! Ndaikuda Sakiso!

Rudo nomwana wechikoro

Hapana chivi chikuru chingaitwa nomudzidzisi,
Chivi chinodarika kudanana nemwana wechikoro,
Mwana wechikoro adanana nemudzidzisi,
Chiziva kuti basa rechikoro rakanganisika,
Rako mudzidzisi uye rake mwana.

Mufungwa dzake mwana afanana nevamwe vadzidzisi.
Pfungwa dzake dzava dzekuti anokosha,
Anokosha kupinda vose vana,
Vamwevo vana vave kuti ivo havakoshi,
Deno vaikosha vaikwenywavo newe mudzidzisi,
Chipi zvacho choita mudzidzisi zvonzi anoda kuonererwa,
Kuonererwa nechibayamoyo chake mukirasi.

Kuti mudzidzisi ape vana rayiro zvomunetsa.
Pakaita nyaya dzerudo dzavamwe vana,
Iye haachagoni kuzvigadzirisa,
Mbavha ingatonga imwe mbavha here?
Kana iwo matsotsi angagerana misoro here?
Nairowo gakanje ringadzivisa vana varo kufamba nedivi here?

Zvadai chiziva kuti wangova mudzidzisi wezita.
Wafanana zvino nebhachi rakachingidzira gudo,
Ukati ukonyodze, vose unonzwa voti asi deno ari ngana,
Chero ukati upe maki yakakodzera zvonzi waita rusarura,
Hapana chaungaita zvino chingafadza vana,
Ukuvo zvikomana zvinenge zvokuona sewezera rimwe nazvo,
Nekuti munenge mave nemafuro mamwe chete.

Ungaudza mwana wawanyenga kuti ndezvenyu chete,
Asi ziva kuti risati ravira anenge atoudza wetatu,
Ramangwana chikoro chose chinenge chazara,
Choziva kuti mudzidzisi anodanana nangana,
Mwana anenge achizvida newe, iwe uchisvoda naye.

Iye anoita basa rekuparidzira vamwe nezverudo rwenyu.
Asi iwe unenge uchiita basa rekuvanza nezverwenyu rudo,
Saka ungati pane rudo here apa?
Ukaona wapindwa nepfungwa dzevana uri mudzidzisi,
Chiziva hama yangu kuti wakatora basa risiro.

Dhongi

Chandakatadza chii nyama yangu hamudyi, asi mondichengeta?
Mondichengetereiko? basa chete here?
Mufudze wangu mumunda hamuushandisi!
Mumunda munoti haukudzi unopisa mbeu,
Kundiregera ndikainda kuna babamunini vangu mbizi zvinodii?
Tigare zvedu mudondo pamadiro.

Kuchigayo ndini dhongi shamu iri pamusana!
Kunorima ndini dhongi chamboko chichindicheka!
Kumvura ndini dhongi pwere dzakagara mungoro!
Kumafuro ndoswera kugarwa nepwere,
Ndofura nokuzorora riini ini dhongi?

Kundiona ndichiumburuka padurunhuru kwanzi dhongi ogeza.
Kwanzi dhongi anouchapa anogeza nedota,
Izvo ndinenge ndichitasamura wangu musana,
Wamunogarochisa neyenyu mboma namabasa,
Musana wamunoswera kutakudza masaga,
Hamundinzwiriwo urombo nhai vanhu?

Kuteerera kwandinoita imhosva here?
Kusakasira kuneta imhosva here?
Inga imi navana venyu munozorora wani?
Munoti ndini ndisingafemivo here?
Munoti ndini ndisingadiwo zororo here?

Gore randichakupandukirai muchachema.
Muchachema muchizoti yenyu midzimu yadambura mbereko,
Pandichapfura venyu vana kumafuro muchachema,
Kutondibata huro muchindisunga,
Zvandinorerekera mutsipa moti ndinofara?
Musi mumwe wandichakurumai nekukukavai,
Ndiwo wamuchapfidza matadzo enyu.

APHIOS NENDUVA

Mukundoi?

Nhai mukoma wangu mukundoi wakakugara?
Zuro ndizuro mai wakavashekeda shaya nechibhakera,
Wako mukadzi akati ndibate,
Ukamuwetsura neganyamuto inodzura nenyama,
Museredzero ukamufengura mudumbu neyedhongi,
Kuzviti ba-a ndikati pamwe ini weropa ndinganzike,
Pasina chinguvana ndakange ndaparuma pasi,
Ndachigarwa chamatsenganzungu chine nharo,
Muromo waita senge wehochi,
Kumukapo ndikati ndezvameso wangu ndasona.

Neshungu amai vakamhemhaira naro sango,
"Handinzarwo kurohwa newandakatakura mwedzi mipfumbamwe!"
Ravo gavi vakasvuura,
Mumuti ndiye hara hara sevagarwa neshavi rebveni,
Pasina chinguva vange varisiya gobvu rinenge dete,
Makunguwo, makava namagora kuzviti ba-a,
Akati mudzimu waro bonga kuwana huku dzichirwa,
Akachakanya zviropa akaimba manhanga kutapira.

Papera svondo rakasvika mudzedu nzeve,
"Amai vakashaikwa!"
Neshungu takapemhena namasango asi chakabuda hwava,
Vanasorojena vakazotirumawo nzeve, zvanzi, 'Chimbobvunzai Sangoma',
Kundoti kwira kunewe, takasvika Shabhani yakadzura mwando,
Waive gomo risina ukwiriko chairo,
Nehazvadzi takaunganidzana kuti titsvake chakadya mai.

Kungoti kwedu pesu, iwe sare peveve zvakare mudanga ravo,
Wakatengesa dzavo mombe kubhadharira wako mwana yechikoro,
Vako vana ukafundisa nadzo dzegamwa raamai,
Nhasi yavo ngozi yoita mutemarege wembada,
Iwe nehwako undambakuudzwa wakasvika kuenda kwamupfiganebwe,
Usina kugadzirisa ako madzudzo, mazangandari awakatiparira,
Chokwadi mukoma hauoni here kuti wakatamba namatope pasina mvura?
Nhasi tofura uswa semhembwe nokuda kwewako mukundo unenge wetsvina,

Inoti kunyange Ishe mhosva anombosiya kutonga kana yoda zvayo kubuda,
Chokwadi mukoma wakatibatisa maneka, mazauone chaiwo!

Murombo haarovi chine nguwo

Kukurukura hunge wapotswa,
Chegorero chakaita chidoko chapfuura,
Pamichakata ndairwisana nembongoro,
Nokuti mangu mumba nzara yainge yapfunya chisero,
Yange yatambarara serunyemba rwuri pakaorera,
Pokutangira ndainge ndichisina,
Nomudzimai mumba kwange kwave kungopanana makotsi,
Nokuti zvamunoona kutamba ngoma hunge wakaguta,
Change chasara kumirira zuva raMusiki.

Rakazoti rapinda mune dzangu nzeve,
Kuti vamwe vorima mari kwaChiyadzwa,
Kwakazoedza ndayambuka Save ndararofamba kunanga kwazvakarehwa,
Ndichiti vhu-u mumunda wayo mari, wanike hakudanwi anozwa,
Neshungu chakava chipatapata nhaka yamakonzo,
Asi chokwadi murombo haarovi chine nguwo,
Nokuti pasina nguva vana vamambo vainge vatosvika.

Zvikati chinoda madzande,
Yaamai midzimu ndipo payakabva yandipira makotsi,
Bruno yamugaradzakasungwa yakabva yasvikondiita kanyama-kanyama,
Chokwadi kufa kwemurume hubuda ura,
Ndakabva ndangoita gumirakadya vaviri nayo,
Chinguvana vana vamambo vakazondinunudza,
Asi wangu muviri range rave ropa bedzi senge pabaiwa gotokoto,
Chokwadi uku kwaiva kufira rungire chaiyo,
Nokuti ndakaswetaira nhava izere mhepo.

Kusvika pamba ngoma yakava imwe chete,
Chokubata painge pasina,
Mazuva gumi maronda achipora,
Ndakahwirira ndakananga Joni kwazvakarehwa,
Pachokwadi rwendo rwacho rwaitoda manyatera,
Asi nenhamo ndakaramba ndaruma rundebvu,
Pakupedzisira ndakamupinda muEgoli musha wakanaka,
Nechemumoyo ndikati yangu nhamo ndazoidzipa nemuhuro,

Yangu mhuri yochiita chihuri chemudzonga wenyama.

Mazuva maviri ndichivhima,
Yangu mhuka ndakabva ndaibata,
Pano, paivakwa dzimba dzinoda kutunga makore,
Muswere wose ndaifondoka senhapwa,
Apa foromani achidaidzira,
"Wena mugodoyi mina hangifuni ukhusebensa lesigebenga!"
Kuti ndikotoroke ndaifengurwa nayo bhutsu mudumbu,
Meso ndaigarokanda kwose kwose kutya ivo vana vamambo,
Sezvo mvumo yekushanda ndainge ndisina.

Kupera kwemwedzi foromani akashanduka kuita kunze kune mhute,
Ndichitarisira yangu mari ndipo pandakadaidzirwa vanamugaradzakasungwa,
Ndakazorara ndava muLindela ndamirira kuuya kwaro gumbakumba,
Kuti rinondisiya ipo pamhiri paLimpopo,
Ramangwana ndainge ndave kufema yeDzimbabwe mhepo,
Ndichiita kunge ndakandwa mugwenga kubva mundege,
Ndakadzungudza wangu musoro ndangove mushayazano,
Pamagumo ndakazoti, "Kangembeu kurima kwandikona"
Kusina mai hakuendwi,
Naiyewo murombo haarovi chine nguwo!

Rubatsiro?

Kwese kwese ngoma inongova ndiyo ndiyo,
Sekuru vakarwara hanzi tsvagai rubatsiro,
Mukoma vabudirira pabvunzo dzefomu sikisi,
Hanzi tsvagai scholarship,
Mwana akakosora, tarisai kumadokero,
Nokuti ndiko kunobva rwedu rwose ruponeso,
Asi rubatsiro chairwo here?

Nhai vana Sorojena, hatisi kupembedza n'anga inobata mai here?
Sei kuzobvunzana kwabva nhata isu tichirara naBhoki mujira?
Chakachenjedza ndechakatanga vana veZimbabwe newe Africa,
Ko zvino chotirarisa nezamu mukanwa sevacheche chiizve?
Handimi here vakuru makati yembambara mvura tiza ichiri kure?
Tikasaita sokureva kwenyu hatizokunguri here saChingururu,
Akazoti pepu Rhodes atandira yake yose nyika.

Ngatichenjerei kupihwa hwatsuro uchi,
Hunodyiwa chete neabvuma kunzi ndendende dzakondo mbira,
Kana rwurirwo rubatsirwo rwaVaBatsirai urwu,
Ushamwari hwechikunyanguwo,
Wangu kwamuri mubvunzo ndemumwe chete:
"Itsitsi dzeyi tsvimborume kubvisa mwana wemvana madzihwa?"

Chatiparadza!

Nhasi ndiri madzimai vekumasowe,
Mangwana ndave madzimai venguwo tsvuku,
Kuswera mangwana ndave madzimai vekwaIzirairi,
Ko nhai madzimai, muri kutsvaga Mwari here kana kufadza nyama?
Pane pamuchasvika Mwari ari mumbiya here kuti mutambidzwe?
Nezuro baba vakarara muromo uri mumhino,
Nokuti rugaba rwavo mainge mavanyi,
Hanzi madzibaba Isaka vakati kutanga China zvinoera kuita zvebonde,
Mukawana baba vatorwa navanaPendeke, muchati kudini?

Mbeva dzababa munoti dzakan'ora,
Poto dzenyu dzinoera kubikwa zvakan'ora,
Madzimai hamuoni here kuti mapinza mhepo mumba, mazviparadza?
Musha wave mamvemve nacho chenyu chinamato,
Kunamata hakuna kuuya neChiKristo,
Vatema vakagara vachinamata, kubudikidza nechavo chinamato,
Ichi chamuri kuita murambamhuru nekutanda neenyu manzwi,
Hezvo motadza kuona neenyu meso,
Kuti ingori chembere imweyo yazora fesipawudha, yonyepera kuva mhandara,
Kutora yenyu moyo imi vana Hoto,
Munongopupurutswa nemhepo yaNyamavhuvhu, hutu moenda nayo,
Dzenyu pfungwa dzotapwa makaringa sematemba emuna Kariba,
Chati chidzokai kuna baba mubatane chikati nhasi,

Brothervo, mai Mufundisi nababa Mufundisi, masutu vanochinjanisa,
Nokuti mwedzi woga woga munovatsvagira itsva,
Vako vananyakutumbura man'a kunge pafamba tarakita yemujoni,
Kuvatarisa vanosemesa sedembo rapfugura,
Zuva nezuva vanochema 'Kwangu kubereka kubvisa mapundu muura',
Ko wakanganwa here kuti chirere mangwana chigokurerawo?

Uye nzombe huru yakabva mukurerwa,
Aiwa mukoma, yeuka kuti mudzimu weshiri uri mudendere,
Chengeta vako vabereki kuti unzi uri munhu pavanhu.

Vamwevo ndivo voti takamirira kuzvarwa kwemwanakomana wemunhu,
Hanzi ndakazvipira kuva mai vasina mwana asi iye ari mwana ana baba naamai,
Ko dai vako vakaita saizvozvo, ungadai uripo here?
Hakusi kutya kurera here uku?
Kana kubatwa pfungwa navachena kuti mukawandisa munozovarwisa?
Mweya wohutsinye neumbimbindoga uyu wakabvepi?
Zvino chinguri makarega kubereka, Jesu wacho muchamuzvara riini?
Hama ngatidzidze kunamata kune gwara,
Kwete kungokumba zvose zvose tisina kufunga,
Tikadaro chitendero chinotimedza takasvinura sematemba,
Kuzviita vana Mariya naJosefa vechipiri?
Zvakaoma!
Saka toti chatiparadza chii?

Jekakose

Baba vari kuLondon, amai vari kuZimbabwe,
Chavaparadzanisa ndiko kutsvaga mari,
Ikashaikwa mumba hope hadzibati,
Ikawanikwazve baba vosvika pamba huku yemurirakamwe yachema,
Ko chii chaizvo chakaiswa pamari?

Babamunini dzinza rapera,
Nokuti vakandotsvaga chikwambo kwaMaimai,
Vaona chavo chitoro choita kunge chinotengeswa nyoka,
Nokuti hapana anga achatsika rwake rutsoka machiri,
Kupera kwehama mari vachiiwana ndirwo rwave rudekaro,
Nokuti vakarutsa moyo, dzavo pfungwa dzatapwa nayo mari.

Muzvikoro vanasikana miviri votengesa nokuda mari,
Varumevo muchingochani peveve nokuda mari,
Hanzvadzisikana kumaAvenues tunguwomhini vosimira,
Chinangwa chavo kutsvaga mari,
N'anga nezviporofita meso piriviri kutsvaga mari,
Hanzvadzi dzerudo mumabhawa dzotsvikidza kuri kutsvaga mari,
Ndiyani achatsiura mumwe zvayave nhange mutange yokufira mari,

Misha yave matongo nokuda kwemari,
Mari yakanaka chose nokuti inotirerutsira upenyu,
Asizve ngatiitsvage kuti itichengete, kwete kutiparadza,
Mari uri jekakose banga remunondo,
Nyika angove marengenya nokuda kwako iwe mari.

Ndinokutendai vadzidzisi

Ndinokutendai vadzidzisi nemoyo yenyu ine rudo,
Nokuti vedu vana ndimi vafudzi, ndimi vachengeti vavo,
Imi vana gumbanemarara homwe yebenzi,
Hamusaruri edu mapudzi nyange neasina mhodzi,
Naiwawa edu mazai nyange matematema.

Chatakagona isu kudonhedza,
Makore matatu chaiwo suku, heye wava wenyu,
Ane dzakatesvera setsono neane dzakafondoka sejereso vose munotichengetera,
Vangani vangava nemoyo inenge zvikeyenge zvemadhonza kureba semi?
Kunyagodorwa, yenyu mhinduro munyepfu nyoka huru haizvirumi,
Chokwadi vadzidzisi renyu basa ndinoriremekedza.

Mukuipa nokunaka, mutoro ndewenyu vadzidzisi,
Renyu basa harina zhizha kana chirimo,
Iswerakuenda mukuwasha wezuva,
Nokuti nguva dzose munenge muchisvinudza nyika,
Chakanaka chakanaka mukaka haurungwi munyu,
Vabereki nemi vana vechikoro ngatipei vadzidzisi ruremekedzo rwavo,
Nokuti ndivo vaunza shanduko muupenyu hwavazhinji,
Ndivozve vanosimudza marombe kubva kuhuruva,
Vachinge vakupa zivo vakupa chombo cheupenyu hwako hwese.

Kuti uve mutungamiriri wenyika chaiye unenge wabuda nemumaoko aivo vadzidzisi.
Asi nokuda kwokushaya chipo chekutenda unonzwa toti, 'Katicha kanondisvota aka!'
Kuruma ruoko runopaka zvokudya, pachena,
Kunge inda inoruma wakaitakura!
Aiwa ini ndazvipira kukupai nyembe dzoruremekedzo,
Dai Samatenga vakuwedzerai mazuva panyika,
Nokuti renyu basa iguru kupinda gomo reNyanga.

Kisimusi

Wauya kisimusi nguva yatinofarira tose,
Chembere, harahwa, majaya, pwere nemhandara,
Tinokuchingamidza namaoko ane rudo,
Nokuti iwe unosandura tose kuti timbokanganwe dzedu nhamo.

Zvipfuyo zvinooneka nyika,
Kuperekedza mhemberero yezuva rakazvarwa iye mwanakomana,
Vange vachonera Joni neHarare vanogudhuka kumusha,
Kumhanyira iro zuva rimwe chete iroro,
Ropa mumigwagwa herwo rwizi rwezhizha,
Nokuti vatyairi vanenge vakakorwa nahwo hwomusungwa,
Kwavari hapana chinoramba kuitika,
Kana mumakona emigwagwa avasingaoni vanopinda,
Nokuti kwavari nguva inenge iri shure.

Hanzvadzisikana dzemumabhawa kumeso kwonyiminya,
Kwapodewa podewa kuti varume vayeverwe,
Zvipfeko vapfeka zvinopa pfungwa chiveve,
Chokwadi yangove ringanameso zamu rehanzvadzi,
VanaMacheso, Sulu navamwe vaimbi,
Mari voita yokuorera neheti,
Nokuti vanenge vagadzira mutakunanzva unotandadza,
Vangatyei iyo iri Kisimusi zuva rokufara nekurasha miswe!

Kumamisha mipeta yakabikwa,
Kutambira vakomana vanobva Harare neJoni,
Chembere neharahwa dzonyanga mavende nechingwa chakati chiki chiki nejamu,
Ko kugotyei iyo iri kisimusi?
Vana vevanhu vozvipepa kuti honye dzigowana basa kana vasiya nyika.

Nyuwere wobaka nokuyemura uri muberere,
Ane shungu dzokupembererwavo saKisimusi,
Kuzouya kwake wokokotedza tushoma twakasiiwa naKisimusi,
Hapano pakuda kuzodzokera kumabasa,
Angova mafunga mafunga parere nzuma, kufunga chakadya dzayo nyanga,
Mari yebhazi ikati wakandiisa pano riini?
Vaizvirova dundundu vaye vachikusha mari,
Miromo yachichena senge yazorwa dota,
Baba vanhiya masara mangoti bondokoto,
Mangova zvenyu Tsotsonyai, Ndabozha, Mbuduyembwa chaiye,

Chaivhaidza chiye chati to-o.

Mumba namaimwana kwava kupana makotsi,
Vana mangwanani oga oga pamusiwo vanogogodza,
Kukumbira yechikoro mari neyunifomu,
Mai mwana vanotivo shuga mumba hamuchisina,
Yava nhamo yechikwepa, kuti uku chakarumwa uku chiri kutsva,
Kwokutizira zvino hapachisina,
Chasara kurova nhetserwa wakanananga kuzvimbadzo.

Ko nhai vana baba navanamai, hationi here kuti tiri kuzvipusisa?
Kufara zvokubvarura nhembe nokuda kwezuva rimwe chairo?
Hationi here kuti kisimusi izuva rakangogadzirwa navasvetasimba?
Chinangwa chavo chiri chokuti tidzose mari dzavanenge vatipa dzebhonasi,
Kuti mangwana tigodzoka kwavari tichishanda nesimba muna Ndira,
Nokuti pokutangira tinenge tichisina,
Ivo votipfura zvavo nembutsu vachiti, 'Sevenza mugodhoyi!'
Hama ngatimukei tirege kuyeuka bako tanaiwa gore roga roga.

WhatsApp

Titambire WhatsApp rudadiso rwedu mukufambisa mashoko,
Chakatanga ndiye face book,
Dzokono wauya iwe wemoyochena pakufambisa mashoko,
Vari America, Australia, China nekupi kwose tongoswera tichisekedzana navo,
Nechembere neharahwa kumusha mashoko dzongotuma nyore kune vadzo vana,
Chokwadi WhatsApp warerusa hwedu upenyu,
Namarema asina udaridama hwokutsvetera ivo vemazwi matete,
Vopona newe, nokuti nyadzi wakaisa kudurunhuru,
Chawatumwa unosvitsa sezvachiri,
Ipapo chete ndipo paunoita zipenuhwe muto wetsimba,
Nokuti yangu imba wakapotsa waiputsa,
Maimwana vandibata ndichikurukura nemwana wandakafundisa makore mana apfuuura,
Chokwadi kukurukura hunge wapotswa.

WhatsApp uri banga remunondo chairo,
Kusikwa kwako wakasikwa uri nyenyedzi chaiyo,
Ivo vanhu ndivo vanoda kusvibisa rako zita,

Noumvangamakomwe hwavo husina shumo,
Vachikushandisa mabasa asakafanira,
Ipapo ndipo pawakaipira, kubvuma kushandiswa nezvakaipa,
Zvino iwe wongochema zvako pavanokushora:
"Veduwe-e tendai zvakananaka zvandinokuitirai,
Ndiko kuti mangwana ndipamhidze kukugonerai."

Upenyu

Nhai Upenyu hanzvadzi yangu,
Ko wadini wambofambira chimwe chete pachikoro sadhiraivha weamburenzi?
Hauoni here kuti wafumura unhu hwako?
Kungokwana kwayo nguva yekudya,
Iwe tubheke mbare mbare wakanananga kuchiteshi,
Yako yunifoni wokatanura,
Wopfeka itwo twumitodo tunopa dokwaidzo kuna ani zvake akanda ziso,
Fodya yegudo wati chiki chiki kwako kumeso,
Muswere wose unosweroshwetaira nomugwagwa kutsvaga ivo vatyairi vemichovha,
Kusvika riini nhai hanzvadzi yangu uchitengesa wako muviri?
Ndiko kudya nyika rutivi here nhai mwana waamai?
Hongu tinoziva upenyu hwakaoma,
Asizve, une ropa rakanaka kuwana vanokuendesa kuchikoro,
Vamwe vari kuushaya mukana wauri kutambisa uyu,
Chenjera kutatapura chikonde kumugwagwa ukoko uchiti idovi rambuya Nehanda,
Unopera nacho chakapedza mbudzi ichi,
Ndambakuudzwa akazoonekwa neropa pamhanza.

Hanzvadzi, tarisa vedu mainini vasara musoro chete,
Naiwo mutambo womumagudza waunodai kudzinganisa uyu,
Kusimuka wavo musana hauchada,
Mbambo dzose dzakagojonoka segejo range richirima parukangarabwe,
Dzikama mwana waamai, pamwe vedu vabereki vangadyawo rwako rusambo,
Kusvika riini vachingochema kuti kwavo kubereka kubvisa mapundu muura?
Ndine urombo kuzenge ndava kukutuka,
Ndangotivo ndikurume nzeve chando chisati chasvika,
Ndizvo chati homu chareva!

Ndozvireva ini huku

Pakumuka ndinokumutsai wani,
Inga ndiri chiringazuva chenyu,
Ko zvashatira papi zvomondinyika banga masikati machena?
Hamunyariwo mhuri yangu namadzimai angu?
Kudoti nditize ndinotandaniswa neimbwa,
Mugumo wacho wangu musoro madimura,
Nokuti yangu nyama mukaishaya hamugarisiki.

Pakumuka ndinongobuda pasina chandinopiwa,
Tande ndakananga kudanga kundotsvaga makonye,
Ukaona ndokushirwa ziva pane zvoda kuitika,
Ndinoyemura hama dzangu vana gondo nanjiva,
Vakarambira musango nokuti vakaona utakati hwako munhu,
Hanga nenharo dzake akamboti handibviri,
Asi neudaridama hwako munhu hunenge hwegava nhasi ati kozokoto,
Vake vana unondipa kuti ndichechenye,
Kuti abhururuke mambava unocheka,
Magumo wacho womunyika banga pahuro,
Chokwadi munhu wako moyo idombo.

Kundishaya pako pamusha unonzungaira,
Ko kuchindibatavo zvakanaka zvinodini nhai sahwira?
Chokwadi wangu moyo waushungurudza,
Asi gara wakaziva demo raSimon,
Kuti nerimwe zuva gava richadambura musungo,
Apo uchafuma wotarisa muchikwere wowana nhava izere mhepo,
Ipapo ndipo pauchaziva kuti rwako rugare dzave ngano,
Nokuti nenyika ini ndinenge ndatetereka,
Kuenda uko moyo wangu unoda,
Kwausingazofi wakandiwana zvakare,
Chokwadi munhu wandishungurudza,
Kana ririko denga iwe haupindi,
Nokuti unondiwana ndakakumirira nedzangu dzose hama dzawakadya.

Kuipa kwacho iwe kudyiwa haudi,
Ada kukudya hanzi muroyi,
Azova muroyi nhasi nokuti adya yemunhu nyama?
Ko vamwe tose vaunodya wakapumhwa uroyi nani?
Chokwadi munhu une utsinye!
Dzora moyo wako udzidze kugarisana navamwe zvakanaka,
Ukadaro tingakuti munhu,

Nokuti iye zvino zita rokuti munhu panewe rakatama,
Nokuda kwesindimaro yewako moyo.

Chimurenga chechina

Muchikoro zvidzidzo ndinoita gumi,
Asi chinondikododzvora kuoma kwefundo yacho,
Ingasaoma sei ivo varairidzi vachiita senge vachazviruma rurimi nekutaura chingezi,
Isu tongoyeva kunge votaura nendimi dzepa Tower of Babel,
Tichazvinwa nepi wedu vakarasa kudurunhuru,
Vakaudzwaka kuti vatema havana mutauro, nhooroondo kana tsika nemagariro,
Yavo nyika yaingove ziendanakuenda rerima,
Iro rakazara nokushaya ruzivo pamwe nebudiriro,
Vakanyeperwazve kuti vatema vainge vakangofanana nemhuka dzesango,
Dzinokwanisa chete kufura uswa nokuita ndove.

Izvi zvinova zvakatapa dzedu pfungwa,
Zvikamwirira muropa netsinga kusvika pamwongo,
Nhasi masvomhu kuti ndiabate ndofinyama senge ndinonwa gavakava,
Muswere wose ndichiparidzirwa dzavamwe tsika,
Nokuti ndadzidza mutauro ndadzidza netsika dzavo,
Asi mangwana munochema kuti ndarasa tsika dzepasichigare,
Ndodzitora kupi nhai vakuru vangu?
Nokuti pandaimedza mabhuku ndaitomedza nedzavo tsika,
Ndikarumurwa mune dzechivanhu zvachose.

Vehama zvinonetsa asi ngatiedze kusimudzira rwaamai rurimi,
Ngatizvirovei dundundu newedu mutauro,
Vamwe nokusaziva voti hauna mazwi esainzi nemasvomhu,
Inga Muzvinafundo Chimhundu vakatiparurira Duramazwi Guru reChiShona,
Chabata akati zvishoma izvo regai ndikupei reUtano neUrapi,
Hadebe akati ndiripo neIsichazamazwi sezomculo,
Zvino tinotambudzirei dzedu pwere kudzidza zvavasingazwi?
Hausi mweya wakaipa wokutapwa pfungwa navachena here?
Ko iye Nyerere akazviita sei pake paTanzania?
Inga Swahili inongoshandiswa kusvika kuyunivhesiti wani?
Hatisiri kuti ngatichiregedza kudzidza wavamwe mutauro zvachose,
Asi yedu mitauro ngatiisumudzirevo ishande pamwe nechingezi chacho,

Tikasadaro ticharamba tichitevera kumashure semuswe wemombe,
Topedzisira tati budiriro haifi yakawanikwa kuno kuAfrika,
Tingaiwane sei isu tichizvitarisira pasi?

Pamberi nokushinga mwana weZimbabwe!
Nokuti Chimurenga chichiri pakati,
Zvichida chechitatu chakarwiwa chitori kumashure,
Nokuti chechina ichi chinoda kuchenjerera,
Udzvanyiriri hwacho vave kuhubika pakasiyana siyana,
Humwe munhare, internet, WhatsApp, face book nezvimwe zvakasiyana-siyana.

Munhu

Ndakati dhu-u kufunga nezvemhuka inonzi munhu,
Wangu musoro ndikadzungudza semombe yabuda mudhibhi,
Nokuti dzako njere dzandikandisa mapfumo pasi,
Hwako unyanzvi chokwadi hunoda kurumbidzwa,
Chokwadi munhu uri chirambakutsigiduka mbiri youtare, gona asina gona,
Uyo akagonekwa chete nairwo rufu,
Hwako upenyu ahusi hwezindoendandondozvionera mberi,
Asi kuti huzere nokuronga negadziriro,
Wakaona chako chikafu choita chishoma,
Mhuka nemichero zvopera mumasango,
Ukati rega ndigadzire gejo, tarakita pamwe nemishonga kuti goho riwedzere,
Goho rakura kuritakura kukati huya hande,
Iwe nedzako dzokupinza ukati rega ndigadzire ngoro dzemoto,
Nhasi rako simba wochengetedza,
Nokuti dzako njere dzinokurerusira.

Wakaona wanyimwa chipo chekumhanya satsuro,
Kuzoti kubhururuka mudenga sachapungu hatichataura,
Iwe nedzako dzekupinza ukati unonyepa chete,
Tichaona kunowira tsvimbo nedohwe,
Nhasi woswera uchipesana navo muchadenga vana chapungu,
Vana hove vakati medu mumvura hausviki,
Iwe nerako godo ukavapindiramo,
Nokuti zvokudadirwa ndizvo zvausingadi.

Matikaha nokuona dzimba mambo wesango, akati chivhuno negaruso haunditange,
Iwe nedzako nharo ukati zvishoma izvo,
Pasina zuva wange wamugadzirira chako chifefe,
Chine unga hwokuti wose afema anoita rurasademo,
Kutiza nehwake upenyu nokuti hachinongedzi anopona.

Mashoko kuatumira wakaona achikutorera nguva,
Kutanga ukati rega nditume tsitsi asinganyare,
Pedzepo nhasi wongoita madiro nefoni, WhatsApp neinternet,
Nokuti zvinokutambudza iwe haudi,
Mukondombera ukambotivo ndini chazezesa mutunhu una mago,
Iwe nedzako nharo ukamupodza nawo matorovhiro,
Nhasi hope hadzibati kutsvaga gwenzi rokumuendesa kwamupfiganebwe,
Chasara ndiye rufu anongodai kukuchetura nechipanga chake chitsvetutsvetu,
Zvisinei MUNHU tonga zvako nyika, nokuti unyanzvi wakadururirwa.

Pasi hariguti

Nhasi wangu moyo une ronda nyoro,
Nokuti wangu mukoma akaenda pasina kusiya reruenekedzano,
Kungoita chirovera here nhai hama dzangu?
Kuzvifunga angu meso anozara inovava misodzi,
Nokuti paari ndipo paiva nerudadiso rweyedu mhuri.

Amaiguru nhasi ichirikadzi,
Nokuti wavo wavaive vasarura akahweturwa naye asingaguti,
Ko kuchazove riiniko patichawana zororo?
Nokuti muupenyu tinovata manomano hope dzembwa,
Tichifunga nezvairoro zuva guru ratichaenda,
Uko kunyika isina ani nani anoramba kana adaidzwa.

Nhai rufu unotitambudzirei?
Tinozvinetserei nokupisa bvudzi nokutenga hanzu dzinodhura?
Vamwe ndivo vanoita kunge pasi panopisa,
Vamwevo pazviringiro havabvi,
Wati wambofunga here nezvauchange wakaita wave muimba isina hwindo?
Chimbetu zvakamunetsa akadzimara abvunza:
"Ndiko here kumuchengeta kwamaita mamutakura kumuendesa kwamupfiganebwe?"

Vangu mbuya vemoyo chena vakamedzwa naiyo shumba isina mugoni,
Nhasi mhuri yose misodzi ingori pamatama,
Vangu amai zororo havana,
Kuchema idzo dzavo hanzvadzi Sirivhanosi, Mikairi naSmart,
Vana vanyamunhu vakakuiwa nezuva rimwe mune yeChimurenga,
Kuitsvaga yavo mhosva unoishaya,
Musha wose wakasara wangove weshirikadzi,
Vana dzichiri ndumure vamwe vari mudumbu,
Kuzvirangarira nhasi musha wose unoswera uchichema.

Wangu sazita Chibvongo,
Ange asina Sabhuku, Ishe kana chirema pamberi pake,
Akaisiya noumhare hwake,
Nhasi vanomutaura nokuda kwokupenga kwake,
Saka ini ndati regai ndichisiya iyo nhaka yemashoko,
Nokuti ndinoziva yokusaguta shumba iri kunanzvira pamusiwo,
Yakamirira kundimedza sezvayakaita dzangu hama,
Zvisinei ndimedze zvako rufu asi nhaka ndasiya.

Nduva

Kuritarisa wako moyo unodokwaira,
Nokuti miti yakaita muchechetere yeguvi mvura,
Mhuka neshiri ndimo mudandaro radzo,
Pachaipisa Chimurenga vana vevhu vakaponeramo,
Nokuti dzaro hapwa dzaivafukidzira seseche yakafugatira dzayo nhiyo,
Nokuti mune ziendanakuenda rawo mapako,
Umo murere angu madzitateguru,
Muchamba, Muzorava, Masundire naye Zviitaita,
Vakazorora zvavo mariri Nduva,
Vachinyemwerera kuona yeavo mapudzi budiriro,
Ingashaikwa sei isu rwavo ruremekedzo tichivapa,
Nokuti gore roga roga yavo nyota tinopodza,
Nairo diramhamba rinokaringwa nedzaguma ura chembere,
Chokwadi Nduva rudadiso munzvimbo yashe Ziki,
Ndipo panobva redu zita Nenduva,
Nokuti VaNduva ndivo varidzi varo gomo reNduva,
Rakaganhurazve yedu nyika nematenganyika ekwaNyahunda,
Nduva pauri ndipo pakaperera umhizha hwaZame munzvimbo yaZiki.

ALLAN T. MATANGA

Vaimbi vanhasi

Ndivo vanagwenyambira vatava navo mukore uno,
Vanotipakurira kudya kwenzeve siku nesikati;
Chavo chikafu chorambwa neuropi hweedu matehenya,
Yavo mhanzi ndiyo yodai kusemwa sembwa ine gwembe,
Zvovoshaura zvodai kushaya mutana kana mucheche anozvidokwairira,
Pedzozve votarisira mukurumbira nerukudzo kubva kuvatereri,
Havazivi here kuti varemekedzwa munharaunda dzavo,
Varunziri vezvakanaka zvinotarisirwa,
Nekuti neavo mashoko vanotonga,
Asika, manzwi eyenyu misambo haachina pundutso,
Odyara mhodzi dzisakarurama mupwere,
Zvomoshaura pakati pedu zvafumuka,
Zvinonyadzisa pamwe nekuomesa mate mukanwa.

Asika, pasi pasati pamera ziso zvaizivikanwa,
Kuti vashauri ndevamwe vedu mundima iyi;
Ndima yekurayira, kutsiura kana kupanga mazano,
SaNyanduri, gwenyambira waipakura mazano,
Izwi rake richierawo, nekuti aitora nguva achizeyawo yake dzidziso,
Zvaizogachidzwa ruzhinji ainge arimanzwi eutsome neungwaru,
Manzwi airarama nekusingaperi,
Gwenyambira waiva denhe rezivo,
Denhe raiva nekodzero yekugokwa pasina matyira nekuzengurira,
Waiva mhizha yaipfura nemvuto simbi dzeupenyu,
Kubayira zanhi, kunyeurira pamwe nekutsiura,
Kuruma nzeve nekudzidzisa vachine mukaka pamhuno,
Kutsiurawo vakatizira mukumbo chembere dzaenda kundari,
Vasharukwa nanaSorojena vachigutsirirawo avo masoro,
Zvese zvichitsigirwa nekudandaurwa kwenhetete, hosho nemutumba.

Wanhasi mushauri watsveruka.
Pundutso neraramo kune vechidiki hauchakwanisa kuronza,
SanaNyanduri tinoti cheuka uongorore gapa rako,
Richizere tsangadzi dzinoda rako badza,
Taisishangazhika tose mundima iyi,
Cheuka kumashure uone mugwazo wako,
Isu edu manzwi tonamatidzira pamapepa,

Kuitira kuti dzidziso irambe ichitanhaurwa sorunyemba,
Gwenyambira itawo nhendeshure uone matsimba ako,
Udzokere pamakare ako apo yaiva garoziva,
Kuti paunotanda makudo ndipo paunomemera,
Mukurova bembera taiva mukombe nechirongo,
Chihwerure tichipedzera ipo padare,
Mukubaiyira zani nekuruma nzeve taiti pota neko tisangane,
Mukutandadza vatereri taisiya zivo,
Mukuona zviiitiko tose taitsanagura neujeje ujeje hwemanzwi,
Pataitsetsenura nemazvo, imi maishaurawo muine donzvo.
Taive zvikomo zvaipungurirana mhute,
Manzwi enyu needu apo aiva mamwe,
Tichine maonero mamwechete,
Akubayira zanhi ndewako mwana waamai,
Usati pawatsiurwa woti ndatukwa;
Simbi dzinorodzana!

Vemazuva ano

Vemazuvano vasiyana nevamakore edu,
Zviya pasi risati rarohwa nenyundo;
Dzedu tsika tichakagukuchira needu maviri.
Ukamuwana wekukukwenya mhezi wototi chawawana batisisa,
Zvanzi mudzimu haupi kaviri,
Vazhinji vonyengerera iko kuchikwama,
Kumisa bango zvoera, kwanzi ndezvamakei,
Kuti unzi uri jaya romene mukore uno, ndiyo homwe yako.

Vemazuvano mwanagu voita sevekunze.
Ukamuona ane mhete, haungambofungi kuti ijaya,
Achinge akarukwa musoro, ungatoti imhandara yatukudza,
Vemazuva ano venge matakabveyo,
Kumhunga hakuna ipwa;
Dzavo njere venge vakakweretesa imbwa vosara nematenhe,
Matenhe azere mvura bvongodzeki,
Vemazuvano, vasikana venge madzimudzangara,
Kubva muvhudzi neruvara rweganda,
Ngwarira kupfimba mafuta,
Nokuti munhu chaiye waurawa,
Kumeso kunoyevedzeswa asi mutsipa nemakumbo,
Kusviba ungati imhungu yamedza nhiyo,

Kana ipo pasi peshambakodzi pakange nane,
Idzo tsika, hatikurukuri wakati gunguwo!
Vanogona kutaura voti rave zuru rakapinda nyoka,
Kana bhachi rakachengedzera gudo rikava nane wani!
Nokuti dzakapupurutswa nayo mhepo ine chirungurira.

Vemazuvano vabereki, voita kunge ndivo pwere,
Ujaya neumhandara havachapedzi kuhutamba,
Munhiyo imomo vanokukuridza semachongwe achangoyaruka,
Chipfambi kwavari chirungu, masvisvinwa oungwaru,
Kwanzi tofambidzana nenguva,
Kuveteredza kusiyira pwere runyene,
Nokuti hwavo ungwaru ndehwenhundiramutsime,
Inotundira mainomwawo nayo.

Mazuvano wekutumbura wotongwarira,
Ukamuwana anokuvimba wokusika rudzi naye, newewo wotomuvimba,
Nekuti nguva dzasiyana,
Pasi ramera madhunamutuna, rava bvonyongera,
Ramira nenyanga, dziya dzamushore,
Kumedza usina kutsenga unodzipwa.

Wanano

Pataikuchidzira mavhunze erwedu rudo taitsidzirana,
Kuti tichapengesana kusvika musvitsa,
Kundenderedzanakwedu kukava kwegukurume nesheche,
Handira netsiru, mukombe nechirongo chaiwo,
Pfumvudza yemitondo nemizeze yakatiziva namazita,
Njiva nemitogodo zvikapururudzirawo sungano iyoyi mumavambo ayo.

Kukutyora gumbo nekuzotizira mukumbo,
Kwakabva kwamisa bango rewedu musha,
Chikava chokwadi, apo takazadzisa chishuwo chekuyaruka,
Nekuti wainge watsika mwedzi,
Parooro remasungiro, ndikakakaritsana nechitatarume chegweme nesheche,
Rikavovora gotokoto, uri mucherechedzo wechidzidzo chewanano yedu.

Mumambure tainge tiri rukusha nemudhebhe pachokwadi,
Rumveyesano rwedu rukafadza vanaNyakutumbura nanaVaGanda,

Musvitsa yakakokorodza vanaSorojena,
Nedzimwewo hari dzofanzirofa, tikatsidza zvakare;
Kuti tichaparadzaniswa nekupura nyemba,
Pasina ati afuga rake ega,
Watondipira gotsi, wave mahombekombe,
Wabira mhiri kwaSave, pasina maviri makore.

Dzose dziya dzaiva mhiko dzeupenyu,
Zviroto neshuviro zveraramo yewanano,
Mhiko,chin'ai chisati chatsvuka mune redu dumba,
Nhasi uno ndave zinyarimwe zai regondo,
Ndongoyedzesa nekuverenga nhungo nembariro dzeredu dumba,
Yangova mhiribidi, kupinduka kusina magumo,
Ndave pfunda iwe uri mupenyu,
Ndadzoserwa mugota ndisingafungire,
Zvino zvawakaravidza chembere muto wegwaya,
Ndotiva mune ripi dziva?
Chakabaya chikatyokera, zvino ndoshaya mutumburi,
Chitsidzidzo cherudo rwedu chozunguzwa naiwawa mafungu.

Nhasi uno wandisiya ndakagumbatira iro bepa remuchato.
Ndenge mhambo yakarasirirwa pamhararano,
Inosemwa naani nani zvake, kunyangwe richiyevedza sei,
Ndongorariroyeva, iyo mifanakiso yedu yemakare,
Asika, matakadya kare, haanyaradzi mwana,
Zvino shungu ndava kungopedzera parunhare,
Naipo padandemutande repafesibhuku,
Patwita kana pasikaipi,
Chandasara ndakagumbatira ungori muchato uri pachidziro,
Naidzo mhete dzemhiko dzewanano,
Dzisisina chadzichareva musungano yedu,
Ndenge humburukwa, naiko kushava kwatakachingamidza pamberi,
Vana Marwei nerumwewo rutivi voveteredza,
Kunyengerera segondo raona nhiyo;
Kuita rwemagora anofudza nyati yoda kutizwa neupenyu,
Asi mwoyo wekusema uchakabata,
Chondodokwairira huvepo hwako,
Undivhumbamirire mune ako mapapiro;
Semhambo yakavhumbamirira nhiyo dzayo,
Hongu ichokwadi, makwati yavanheyo muwanano,
Asi zvino ndapfidza chidzoka wepamwoyo,
Tiite maonerapamwe chuma chemuzukuru.

Gomarara

Richinge raumonera mushavhi unopera pfumvudza,
Iro sechishambwe rosveta rakagara matunduru,
Semhundu yemawombera rogara mapazi ane mwoyo neupenyu,
Pan'ono pan'ono hupenyu mumapazi hwotama,
Machesa nemakwenhure aisimbofumira pururudziramo,
Opira gotsi, chikonzero upenyu hwaooneka,
Mhedzisiro ndiye gwa kuoma,
Tevere hauchaita zvibereko sakare,
Zimuti riye dzave huni,
Kwava kusakara kwedovo serisakambodyiwa nyama,
Mhedzisiro dzatove huni,
Mutanda wotosiye mbare.

Ndiro gangaidzwa mhezi yovavira munhumbu,
Ukosha hwayanika ura hwedu pazvitsiga,
Chinangwa kuri kuti tidyiwe nemakunguwo,
Vananyakutumbura, mazamu nezvibereko varisikirwa,
Kusika rudzi kwaganhurirwa ivo kutsenga vachada,
Muuropi chaimo, gomarara setsangadzi rakombodza,
Mapapuwo ave nhapwa dzaro,
Makumbo neimwe mitezo takazvarwa tiinayo tarasikirwa,
Chinangwa kuri kuti risaparארire,
Mhedzisiro miviri yoyuwira,
Ndiro denda ratishanyira,
Hosha yakandisa vanamazvikokota mapfumo pasi,
Kwarakabva nako sekutaura kwavo hatikuzive,
Mushonga wegomarara seshuramatongo mazino ehuku,
Umwe wemitoro yava pakati pedu,
Nokudaro kudzivirira kunokunda kurapa,
Kubhema hakukurudzirwi,
Ndizvo zvimwe naihwo hunodambura mbariro dzemusoro,
Chokurudzirwa zvikuru kusashandura mararamiro,
Kudya miriwo, nyamawo pano nepapo,
Upfu hwedu hwepasichigare mushaya chiraswa,
Kusvuura kwete nokuti kudhomora ihwo utano.

Asika, Mbumbuchena dzinoti hapana chitsva padenda iri,
Dziriko nyanzvi dzinorapa mutsika nemagariro edu,
Mumanzwi avo ingori nhuta inopfukudza raramo yedu,
Nhuta inorapika kana ichinge yachimbidzirwa.

Tsika ndihwo unhu

Sesimba rehove riri mumvura,
Hwedu unhu huri mutsika dzedu,
Dzedu tsika ndidzo tsinga dzinotivandudza,
Matsimba edu anopupura chimiro chedu,
Nokuti tsika neunhu, ihweva nemambakwedza,
Dzinde reramo yedu, itsika dzinotigukuchira.

Unhu hwedu sevatema,
Kubvisira tsvakiraikuno painoroorwa mhandara,
Kupawo yeumai kunaNyakutumbura,
Dzedanga nematekenyandebvu kunababa vanyamunhu,
Kuratidza kuti wazvara hadzi wazvara rume,
Zvaitwa saizvozvo toti vakabva kuvanhu,
Nokuti tsika neunhu zvinenge zvapupura!
Itsika yedu kukwazisa nekugashira vaenzi,
Vane chavakabata neavo vasina,
Kuvapa ekufuga neekuwarira isu tichizvinyima,
Zivo iri pakuti haugezwi nesipo setsvina,
Unhu hwedu kutaura nerwaami rurumi,
Kucherechedza rwedu rudzi pamwe nedunhu,
Kupupura kuti ndiri mbada nekuda kwaiwo mavara,
Itsika yedu kurova mheterwa kana mhururu,
Chikwee kana gusvi mujikinyira ramafaro,
Kubongomora nekutetsura mhere tachekwa nerakagomara,
Uri mucherechedzo wekuti misi haifanani,
Zuva rimwe nerimwe rine zvaro,
Muraramiro wedu kudya needu maoko,
Kuyedza nekupakurarira vagere pachigaravakwati,
Zvisinei nekuti pafa jongwe here kana kuti pafururwa boora,
Zivo ichibva patsika yedu; chaibva chaora,
Itsika yeduwo kubatidzana pamabasa nemupfumvu,
Mushandirapamwe samajuru namasvosve,
Ruzivo rwuri rwekuti varume ndivamwe,
Hwabatira moto hupepe hwendebvu vanodzimurana,
Unhu hwedu kupfeka mupfekero une tsarukano,
Une mutsigo kwete waMarwei.
Nhembe takasiya kwete nekushoora,
Asi kuti mucherechedzo hweukama naivo vauyi,
Itsika yedu kugoka zvakanaka kubva kunana abi edu,
Zvisingarevi kuti dzedu tsika musanganiswa nhava yebenzi,
Chirevo chiri chokuti tukomo tunopungurirana mhute,

Itsika yedu kusakabira zvose zvose semiramba,
Kana semombe dzabva kusina uswa,
Hatingotori nenguwo dzaTarubva,
Zviri mutsika yedu kupepetawo,
Kubata chabva kumwe neazorwa mushonga maoko,
Pakuvaka musha, vanhukadzi pauviri hwavo havamisi bango,
Ngoma ndiyo ndiyo nekuvanhurume,
Itsika yedu iyoyo,
Kuti edu machongwe haakukurudzi;
Ari maviri pamutanda umwechete,
Naidzowo sheche,
Hadzisekeseri dziri mbiri mudendere rimwechete!
Tsika ndiye munhu,
Munhuwo, ari idzo tsika!

Rufu mupezita

Rwakamukododzvora,
Mutukudzi wakurupa remadunhurirwa, 'madzongonyedze,'
Zhakata arushuridzirwa akarutsenhurira, 'Gomba Ramarara,'
Sekuru Gora vakatsidza kuti ravo guva riiswe pachuru,
Vagojurujiwa nevanovada,
Hamutyinei ndokuvimbisawo, 'Ndini rufu muchandiona,'
Ndiwo masiyaniro emanzwisisirwo arunoitwa muraramo yedu.

Rufu unoyuwirisa vapenyu kukunda ivo vafuga ravo vega,
Uchisiya michiso yendangariro nemazitaumbiridzwa,
Kune avo vanenge vanzi sarai mudye,
Unoramba wakakomba raramo yedu,
Samagora arindira yawo shumba yofanzirofa,
Kurarama kwedu uchiva iwo mucherechedzo hwekuti uchauya,
Kuchema kana watishanyira uri mucherechedzo wemarwadzo,
Kubvunza kuti sei wabvuta nhiyo kuchitadza kutipa nyaradzo.

Ndirwo rufu irworu runotipa mazita,
Mazita anotiyeuchidza ukama hwedu nahwo;
Taziva wakafira muhondo yeChimurenga wakamuti gamba,
Shamiso, nyakurutiza akanzi mupoteri,
Sekuru mushakabvu takavadzosa ukati wava mudzimu,
Mweya waAchimwene wowukisa mumusha ukanzi ishavi,
Nyakupondwa asina mhaka arikudawo kuripwa,

Togarepi wakunzi ngozi,
Magunje uyo arikupfuta mashambanzou avakunziwo goritoto,
Pane uyo musha rwakabata rukatsvaira yose mhuri,
Nhasi uno pava kunzi padongo,
Pane uno musha rwakatora mhonzi dzose,
Makunha akasara tava kunzi nherera,
Baba pavakatungamira kwamupfiganebwe,
Amai vakazosara vavakunzi shirikadzi,
Mukoma wangu yangove humburukwa,
Pfunda yongobvisa vemvana madzihwa,
Chikonzero maiguru vakatorwanenguva.

Rufu uri mupezita,
Paunoshanyira uno musha unozviti uri njodzi,
Pane uyowo uchizvitiwo uri nhamo,
Kukugashira kana kusakugashira,
Uri mumvuri muraramo yedu,
Wakamiririra kutipa ako mazita,
Iwe rufu mupezita!

Kufamba kwayo nguva

Paanoita mhidigori makore tinopembera,
Mhomho tichiti kisimusi negoredzva zvava pakati pedu,
Hwematanda huchizova museredzero pamandodyazvipi apa,
Pwere nevatanawo vanotonderawo kutsekaira kwaro,
Nokuti mabhavhadheyi avo anenge ati tutururu kusvika,
Vechidiki kubwinya vachiwedzera,
Vatana zviso zvichiputana semuviri weNzou,
Kufamba kwemakore uri mucherechedzo wekutizwa nenguva,
Vechikorowo tinoti tava kuruvamba rutsva rugwaro,
Vananyakutumbura vachitiwo ava gumi makore musvitsa tsvene,
Senyika tinopembera nekunyinduka,
Kupemberera ekuzvitonga makore ane chitsama.

Paunopera mwedzi tinopembera,
Vehurumende dungwe rongondo takananga kumabhangi,
Masaimba nekanzuro yavo mitero vakamirira,
Ndira, Bandwe naMbudzi vachipamhidzirawo,
Mudememudeme pamikando toisawo misoro pamwe,
Kuzamawo kupomhodza madzudzo anotiwira muraramo,

Varwere vepfungwa nekuti wagarawo,
Upengo hunofashairawo,
VaSekuruwo newavoMakumbi vachiti tichiri kumatare,
Mozodzoka yava mhindo,
Isuwo mhandara namadzimai yedu miviri inodziya,
Mucheredzo uri wekuti mwedzi hatisati tatsika,
Ndumurwa tichikazairawo nadzo kusikero nekunhomba.

Svondo parinopera ndari dzatakakubvura dzinenge dzaibva,
Makate, mbukuro nezvipfuko zvapupira naro furo,
Kushinyira uri mucherechedzo wekuti mudyandakasungwa,
Nedzedu mombe tinoita murambamhuru takananga kudhibha,
Machena naBingo tichinobvisisawo zvikwekwe,
Veruwadzano tinonangawo kusvondo,
Kunonzwawo aivo vauyi mashoko ekutsiura,
Vabetseri vomudzimba tinoti tawanawo mukana,
Sezvo riri rega zuvatinorasha muswe,
Semadzimaiwo kuChina tinonowaridzawo edu mazambiya,
Kugoverana nekupungurirana mabatirwo emusha nanababa,
Chisi chasvika tinochengetedza tiri mumamisha,
Chakachenjedza iri zivo yekuti hachieri musi wacharimwa.

Husati hwatsuka utunga tinenge tabata machongwe miromo,
Tava mubindu sezvo redu riri remugwazo pazuva,
Kushingairira idzo mhuri takatetsura kuti dzidye nekufuka,
Sevafudzi vezvipfuyo tinoti dungwe rongondo takananga kumafuro,
Kunodziswedzako pamwe nekudzikamira ikoko,
Semajaya tinofumomirira tusikana patubhiriji,
Kudzidzira kupakura manzwi anotapira,
Chikonzero ndizvo zvatarara tichifunga.

Zuva, svondo, mwedzi kana gore,
Ndiyo nguva inotsanangura upenyu hwedu,
Inopa shanduko nepundutso mune chatiri kuraramira,
Kuinzwisisa kana iko kusaikoshesa,
Kuchitadza kuimisa mune hwedu upenyu!

PATRICK MAWERE

Washandika

Badza rinobatwa nokumupini.
Ngowani inopfekwa mumusoro, haipfekwi mugumbo.
Hembe inopfekwa nomukati, ukapfeka nokunze,
Washandika.

Ukapikira kuva hurudza,
Badza farira uchakohwa.
Mukava makaraasionani naBadza,
Washandika.

Ukapikira kuva hombarume,
Masango farira uchadzimba.
Ukati chava kupindamo,
Washandika.

Ukapikira kuva mudzidzisi,
Mwana muto usingasehwi.
Ukaedza kuitotsa,
Washandika.

Ukapikira kuva mupurisa,
Chiokomuhomwe ngachive wako mutupo.
Ukati heano mauya,
Washandika.

Kana uri mudzidzi,
Ukatsamhira mabhuku.
Uchiita hwemucheche kurara nezamu mumukanwa,
Washandika.

Kana uri mushandi pabasa,
Ukavirimira mushandirwi.
Uchiti handinzarwo ini,
Washandika.

Regai dzive shiri

Zvamunomanyidzana kwaari imi vabva zera,
Muchiita minana yose yokuakwezva,
Muchiita nhangemutange,
Muchishereketa kunge shato kumhembwe,
Ko awo makore hamuazivi?
Chimbomirai, regai dzive shiri.

Ringakura zvaro zai,
Asi harichinji, rinongova zai.
Ringatsetseka zvaro zai,
Asi harichinji, rinongova zai.
Ungariitira zvako nhomba yenyama zai,
Asi yeuka harina ropa.
Naizvozvo zai haripedzi nhomba,
Saka zai kwete, harina muto.

Kunzi pakata handi kunzi ridza.
Kunzi chengeta handi kunzi temha,
Ndizvo vachengeti vemazai,
Vamwe wenyu mwoyo ndigorosviba,
Panonzi fumbatira achochonye,
Imi pidigu jaa movapinga ndare,
Panonzi muve vanaChipangamazano,
Imi dzokonoko mava varukuri venduru.
Panonzi muve chiedza mavheneke,
Imi motibikira nejira dema rinenge usiku hutatu.
Panonzi muvavhumbamire,
Imi movayanika paruware sezviyo pachirimo.

Imi vabereki nhubu, nemi vadzdzisi nhubu, nemiwo vafundisi nhubu,
Mazvimhurisa pauzima.
Kubva makundwa kufunga nejonjwe,
Rinosusukidza dzaro nhiyo nokudzichengeta kumakondo,
Richivazve nharirire kuna vose vorudzi rwaro,
Ngapasvike gondo mudyavamwe unzwe:
'Waenda nepi! Waenda nepi!'
Kuri kunyeurira dzaro nhiyo, vandai mumakuyo.

Ndizvo ndiyo tarisiro yawo ose mazai,
Kuti nemiwo muve nharirire pakurinda,
Kwete ingwe mumakushe ehwai,

Kana gondo munhiyo,
Nokuti mazai, haana muto.

Nemiwo majeza anhasi tsika dzakaenda narwizi save,
Kuita kwenyu kwodambura mbariro,
Pamumire chaipo rangova zinyekenyeke,
Kuti tikutii vana, imi mukuita munozvipikisa.
Kuti tikutii makura, ko dzozonzi pwere ndedzipi?
Ndizvo mwana ngaave mwana, agobatwawo semwana,
Mukuru ngaavewo mukuru, agorega kupandusa ivo vana,
Nokuti ndiwo mazai enyu,
Regai dzive shiri, haana muto.

Rakatakura ivhu

Tingaridheerere zvedu tichiritsika,
Tingaritsindikira zvedu tichiririma,
Tigorikanyakanya pakurivakisa,
Tigorigiyagiya pakutamba,
Nokurinyakatisa pakuridiridza,
Asi mariri rakatakura.

Ngairove pasi misodzi yaNyadenga,
Ugonzwa hwazvo uziriri zvipembenene, nyanyanya,
Zvofandanyuka, hero jakafiriri mune hwaro ura, ivhu;
Zvopemberera mwaka mutsva wadongorera.

Ngaichirova zvino bumharutsa,
Ugonzwa uzharazhazha hwadzo nyezhe,
Dzotutunuka kubva mune hwaro ura, ivhu;
Dzopemberera mwaka mutsva wadongorera,
Nekuchingamidza mwenga, pfumvudza mashongedzanyika,
Zitange dzvuke-tsvuke, teverere masvibira.

Ngaisimire dzayo hanzu itsva.
Chiona zvino adzo madambi shiri dzedenga,
Neuyo mushandirapamwe wawo masvosve mugura,
Neuyowo mudyazvesimba wemajuru pakuvaka churu,
Nezvipembenene zvehanzu naku zvomirira,
Kuzorerwa zvino muzvipfeko zvayo nyika,
Zvose kuri kuvavarira kufadza mai, hunde youpenyu.

Mwanangu

Inomokoteka misodzi,
Mwoyo uchiva mvemve, marechera,
Dzinoshushikana pfungwa,
Hana ichitsinhira nomutinhiro,
Pakunzwa makukutu okunzenzereka kwako mabasa.

Zvaunoisa muromo mumhuno pakupangwa,
Uchipumura rwakakubatira sadza ruoko,
Nokuita hwenda inoruma wakaitakura,
Muzheve uchitsokodzera zvemupangara zvitanda,
Pose paunonzwa avo mashoko vanaChipangamazano,
Vanorapa varwere vefungwa vasingatemi nyora dzinomonyesa ura,
Vanorapa vasingazunzi homwe dzavo varwere,
Ko wakanganwa avakuru oungwaru,
Kuti njere moto dzinotogokwa somwoto?

Chinzwa unzwe mwanawe:
Panokavira vamwe isawo dzako pasi mbeu,
Ndizvo muranda panopangwa washe nevanji ivapowo,
Nepanoshingaira vamwe newewo shingairawo,
Usaita hwaTabvaneyi,
Kufudza mbudzi nechirimo, zhizha achisundira,
Ndizvo hove ngwaru dzinofamba nemuronga.

Pakubata nepakuita iva nemutsa,
Ugaroziva kuti mutangatsapi ndimafuruse,
Naiwo mandikurumidze akazvara mandinonoke,
Njere utsvake huchakatsvuka utonga,
Nokuti vakamukira mambakwedza vakawana dzichakabatwa nechando.

Ndinoziva murudekaro uchayeuka chete,
Aya mazuva ako okudzikwasha njere,
Uchiri kutsungirira kudzitota dzinopinza samare,
Muna Chikumi chichikuitisa tema-tema mhoni mumakumbo,
Pachikomo paya chichikuruma neacho meno anenge tsono,
Muchirimo naro richikubanda panhongonya,
Zhizha ichikutsvotsvomedza isina tsitsi,
Ucharangarira iwaya mazuva nerujeko pameso,
Zvose izvi ndiko wachengeta angu manzwi pakuraya.

Ini ndiwe iwe ndini

Dai ndisiri ini,
Nhasi ungadai usiri iwe,
Neni nhasi ndingadai ndisiri ini.

Wandinovinga kuno ndiwe,
Waunovinga kuno handiti ndini?
Achabaya dede nemukanwa ndiwe,
Achakubayisa wacho ndini,
Anondiraramisa nhasi ndiwe,
Achakuraramisawo mangwana ndini,
Dai usiriwe, nhasi ndingadai ndisiriniwo.

Anondiita mubati nhasi ndiwe,
Achakuitawo mubati mangwana ndini,
Anondiitisa nyanzvi pabasa nhasi ndiwe,
Achakuitisawo mbirimi pane rako ramangwana ndini,
Naiye nyakutambirwa nhasi ndiwe,
Uyuwo nyakudzana wacho uchiva ini,
Saka dai usiri iwe,
Nhasi neni ndingadai ndisiri ini.

Anonzi akanganisa basa nhasi ndini,
Asi nyakuparanzvongo wacho ndiwe,
Aputsa muko webasa ndini,
Andiputsisa wacho ndiwe,
Saka dai usiri iwe,
Neni nhasi ndingadai ndisiri ini.

Achaswedera pedyo newe ndini,
Achandiswededza pedyo newe ndiwe,
Paachanditsvukisira ziso, achatosvorwa wacho ndiwe,
Achavenga ini, nayewo achava Satani kwauri,
Achamhura rangu basa, achakandawo dema mune rako ramangwana,
Achapedza rangu basa, achaunza chiedza mavheneke kunewe,
Nokuti dai ndisiri ini,
Newe ungadai usiriwewo,
Kunzi mudzidzisi mudzidzi,
Kunzi mudzidzi mudzidzisi.

MESCORT NENDUVA

Ndiko kuchembezana

Ndiko kuchembedzana.
Kunyengerana, kunyeperana, kuvimbisana,
Kupanana, kugoverana, kunyimana,
Kudzvokorana, kutsonyana, madzvombidzvororo,
Kurovana, kutukana, kumarana,
Kuvimbisana, kuvimbisa, kuvimbisana,
Ndiko kutochembedzana.

Kumaranzurana, kufuratirana, kusairirana.
Kutukana, kupana makotsi, kuridzirana tsamwa,
Kushaiwa, kushaisana, kuitwa shaisano,
Kuvanzirana, kuvhunzana, kubudisa tsindidzo,
Ndiko kutochembedzana.

Kufungirwa, kufungira, kufungirana.
Kubirana, kubirwa, kubira,
Kuzvidemba, kuzvichema, kuchemana,
Kushungurudza, kushungurudzwa, kushungurudzana,
Kukumbirana ruregerero, kuregerera, kuregererana,
Ndiko wani kuchembedzana.

Kuparadzana, kusangana, kusanganiswa, kuparadzaniswa.
Kutsunga, kutsungirira, kutsungiswa,
Kugumirwa, kupererwa, kushaya gwara,
Kuenda mberi, kudzoka shure,
Ndiko kuchembedzana.

Kusekererana, kumbundirana, kutsvodana.
Kupana tariro, kupana simbaradzo, kusimba,
Ndiko kutochembedzana.

Ini mudzidzi mubvakure

Mudzidzi mubvakure!
Havavhunzi kwandinobva,
Richibuda, richinyura vanondida nenguva yavakatara,

Kunonoka kusvika kureva chitarafu,
Vanoita majana kuona nguva yandinosvika,
Kwandabvavo hakudyiwi rinopisa,
Ukaenda usina kupedza basa rangu usadzoka pano!
Ukasiya zvakadai uti vakutsvagire pokugara!
Hapeno hako ukaita seusingadzoki pano!

Ndasvikako havadivo kundiona ndichidzokera.
Zvimwe ndinopiwa kuti ndinoitira kumba,
Zvimwe zvinodiwa ndisati ndaenda kumba,
Kwai zvikasapera mangwana kunokamwembwa!
Kwai wakavingei pano usingadi kudzidza?

Kumba vanondigamha ndisati ndatura befu.
Zvawauya kwasviba asi une mushandi pano here?
Hapana chipfuyo chinovata panze,
Vanodazve kuti ndibike svusvuro yemanheru,
Zvimwe kwanzi uvate waita kuti mangwana usanonoka.

Zuva rega rega ndinovata pakati pahwo.
Zuva rega rega ndinomuka mambakwedza,
Zuva rega rega ndinodzoka ruvhunzavaeni,
Zvandinoita hazviperi zuva nezuva,
Vaviri ava vanondiudza makobvu nematete riri rose zuva,
Nhamo yangu ndiwe mubereki nomudzidzisi,
Zvinorevei kuva mudzidzi?
Kuva mudzidzi kureva kushungurudzwa here?
Ndiko here kuva mudzidzi?

Zvawakandipedzera nguva yangu!

Zvawakandibaya panyama nhete!
Zvawakawisira tariro yangu mudziva rakadzama,
Zvawakawisira tariro yangu muvhu,
Zvawakasiya tariro yangu ichienda naHunyani,
Zvawakarega tariro yangu ichisvodza,
Uri shamwari rudzii isina ukama hunoenda kure?

Zvawakandivaraidza nemavara seshato.
Zvawakandibaya panyama nhete,
Zvawakandibvisa pakutenda,

Mukutarira tinoona seuri zienda nakuenda,
Uri hama rudziiko isina ukama hunosvika kure?

Zvawakarega ndichichembera wakatarisa.
Gore negore unouyisa zhizha, chirimo nechando,
Zuva nezuva unouyisa mangwanani, masikati nemanheru,
Unouyisa zuro, nhasi namangwana,
Kushata nokunaka kwezvinhu hauchinji mafambire ako,
Unouyisa kufara, kusuwa, nokuchema,
Unouyisa mavi nemauya,
Unouyisa shanduko yerudzi rwese,
Zvako zvakanaka zvawandisa,
Zvako zvakaipa zvawandisa.

Ko kureva chokwadi kuti haumiriri munhu?
Ko kupupura kuti hauna yambiro,
Ko zvino zvatavirirwa murwendo rwedu?
Torasa here tariro mauri nguva?

Nhai vanhukadzi!

Ichokwadi here nhai vanhukadzi?
Kuti ndimi makagarana matunduru,
Kutambudzika kwenyu kose kunobva kune vamwe vanhukadzi,
Ichokwadi here nhai vanhukadzi?
Kuti mapfumo enyu makaanongedzera vanhukadzi,
Ichokwadi here nhai vanhukadzi?
Kuti masangano enyu ose anotungamirwa nevanhurume?

Ichokwadi here nhai vanhukadzi?
Kuti zvose zvamunotaura sevanhukadzi munondozvipira kuvarume,
Ichokwadi here nhai vanhukadzi?
Kuti munoti kodzero kuramba kugarisana,
Ichokwadi here nhai vanhukadzi?
Kuti zvamunotaura nezvamunoda zvakasiyana,
Ichokwadi here nhai vanhukadzi?
Kuti kuroorwa kunokupai huzere.

Ichokwadi here nhai vanhukadzi?
Kuti kubvisirwa pfuma kunokupai huzere,
Ichokwadi here nhai vanhukadzi ?

Kuti asina murume munoti inzenza,
Ichokwadi here nhai vanhukadzi?
Kuti varume vakakosha kukudarikai,
Ichokwadi here nhai vanhukadzi?
Kuti murume wako ndibaba vako,
Munoda here kuenzana nevanhurume?
Nhamo yenyu chaiyo chii?
Munoda here kuenzana nevanhurume?
Muchagara makadai kusvikira riini?
Seiko muchizvisunga mbiradzakondo?

Ichokwadi here vanhukadzi?
Kuti makamirira kusunungurwa nevanhurume,
Ko siko kuzvipikisa mukufunga nomukuita,
Ko icho chinonzi munhukadzi chiiko?
Ko chinonzi munhurume chiiko?
Munoda here kuenzana nevanhurume zvachose?
Kana mukuyu ukabereka tsenza munodya here?
Ichokwadi vana vembwa havasvinuri zuva rimwe,
Svinurai maziso vanhukadzi.

Mubatanidzwa rudziiko?

Ungava mubatanidza here pasina jechetere?
Mubatanidzwa here wevanhu vanogara kwakasiyana?
Tinobatana here kana ndimi netsika dzedu dzakasiyana?
Tingatandara here ndimi netsika dzedu dzakasiyana?
Tingabatana sei kana rurimi rwako rwakakosha kupinda rwangu?
Mubatanidzwa here kana kuti kuda kunditonga?
Kubatana here kana kuti kuda zviwanikwa zvangu?
Ungabatana sei nemunhu waunotarisira pasi?
Unoti ganda rako rakakosha kupinda rangu,
Tikati titengeserane unoda kundibira,
Mari yako unoti yakakosha kupinda yangu,
Mitemo yokutengeserana ndiwe unodzika,
Ndaneta kutaura nezevezeve,
Ndaneta kugara ndichitongwa,
Tingati tagara dunhu rimwe pakudii?
Mitemo yokushanyirana ndiwe unodzika,
Kuti ndive muenzi wako unoda mari kwandiri,
Mubatanidzwa rudziiko une rusarura rwakadai?

Handigoni kukuramba kana uchida kuvaka hukama neni,
Ndangoti hukama hwedu ngahuve hwechokwadi,
Ndikaramba pfungwa dzako unondipa zvirango,
Ndikadero kwauri unoti ndangwarisa.

Tingaumba here ukama hunosvika kure pakadai?
Ukama hwedu ndehwechokwadi here?
Ukama hwedu ngahusava hwenjiva nemakoto,
Ushamwari hwedu ngahusava hwechikwinyanguvo,
Kana uri hama yangu mira neni nguva dzose,
Ko zvapaine mukaha pane zvaunotaura nezvaunoita?
Ukaita seunoinda kuzidyi pakufamba unoenda kuziboshwe,
Tsika dzangu chaidzo hadzina kukosha asi dzako,
Tsika dzangu unoti mucherechedzo wokusaziva,
Maimbiro nematambire angu unoti haana zvaanoreva,
Chitarisa nhasi mapfekero oita vanasikana vangu,
Vese venge matsiru echengu nemharapara,
Nevanakomana vangu vopfeka mariposa nemadhikauzi,
Itsika dzako dzaunoda kuti nditore?
Kana wafunga zvokuti tiumbe ukama,
Huya tisangane pakati,
Kana uchida kuumba hukama neni, dai wanzwawo pfungwa dzangu,
Kana mubatanidzwa wacho uchinetsa ndichatsvaga hangu hama dzangu dzepedyo.

Ngoma yavasekuru yakabiwa

Chamupupuri chakabva nokumadokero ndicho chakapunza zvose.
Pasichigare yaiva norugare nejechetere,
Vanhu vose vaionana sehama nehama,
Ichokwadi ukama igasva hwaizadziswa nokudya,
Vanhu vaibvuma kubatsira pasina muripo,
Kubatsira yaiva kodzero yemunhu wose,
Zvainzi rume rimweharikombi churu.
Hama dzangu ngoma yavasekuru yakabiwa.
Kurima, kucheka, nokupura,
Waiva muonerapamwe chuma chomuzukuru,
Ichokwadi ngoma yavasekuru yakabiwa,
Zvose zvakapera sesipo kuwacha,
Hukama hwavepo ndehwemari,
Vatana vedu havachina chiremera,

Vose vakomana nevasikana havachina ganda kumeso,
Vakomana vopfeka sevasikana,
Vasikana vopfekavo sevakomana,
Tose tenge vanhu vavirirwa nezuva,
Ichokwadi ngoma yavasekuru yakabiwa,
Wanano yacho yangove nhambetambe,
Pasichigare chaiva chuma kana badza kuwana mukadzi,
Nhasi ava mazana nemazana emari,
Wanano yava yemazuva kana mwedzi chaiwo,
Vamwe ndovopira midzimu nenyama yemakwai,
Vashakabvu vedu yava mweya yemadzinza,
Kuungana kwacho hakuchina zvakunoreva,
Chivanhu chakabiwa chose nengoma yavasekuru hakuchina,
Pakutaura changova chirungu,
Kwai ndirwo rurimi rwakareruka,
Kwai ndiwo mutaura wepasi rose,
Vanhu vose angova mazvake mazvake,
Ichokwadi ngoma yavasekuru yakabiwa.

Ruregerero

Ndamuka ndiri pagomo dinha.
Ndikati senharirire regai ndiridze mhere,
Hapana guta rinoparara pasina nyevero,
Kusawirirana kungapera here pakati pevanhu?
Kugarisana nokusawirirana hazvigoni kuparadzana,
Tingaita sei kuti kuregererana kuve pakati pedu?

Zvinorevei kuti kuregerera?
Kuregerera kubvuma kusiya akakutadzira achienda,
Kuregerera hazvirevi kuti hapana mhosva yakaparwa,
Kuregerera hazvirevi kukanganwa,
Kuregerera hazvirevi kubudisa akakuresvera mukutongwa,
Kuregerera hazvirevi kuti mutemo hakuchina,
Kuregerera kunobatsira iwe watadzirwa,,
Kuregerera kuti ukwanise kuenderera mberi noupenyu,
Kuregerera inzira yokuwana rugare.

Chii chingakuwanisa mufaro kunze kwokuregerera?
Kurergerera kuvaka ukama pakati pevanhu,
Kuregerera kuchinja maonero atinoita mutadzi,

Kuregerera kurasa pfungwa dzakaipa pakutadzirwa,
Kuregerera hazvirevi kusaziva kodzero,
Kuregerera hazvirevi kusagona kudzorera.
Kuregerera hazvirevi kushaya kodzero yokubatwa zvakanaka,
Kuregerera ndekwevakashinga chete,
Kana usina kushinga haugoni kuregerera,
Kuregerera kushuvira kuita zvakanaka nokuwadzana,
Kana tichishuva rugare pakati pedu,
Ngatiparidze shoko rokuregerera.

Vamwe taurai

Vamwe vatauri vanoti imhondi isina meso!
Kwanzi haazivi wokunanga nokuti ibofu,
Haayambiri,
Haarevi mazita,
Haarevi zuva,
Paasvika anosiya misodzi.

Vamwe vatauri vanoti inguva!
Kwai hapana anoramba kana yake yasvika,
Ndiani anokwanisa kungwarira nguva?
Vamwe vatauri vanoti zvinoda kuzvibata,
Tingazvibata here tikapunyuka?

Vamwe vatauri vanoti inzira yedu tose!
Vamwe vatauri vanoti ndiko kuti tizomuka patsva!
Ichokwadi here kuti tichamuka patsva?
Vamwe vatauri vanoti inzira kuupenyu husingaperi!
Vamwe vatauri vanoti kutungamira Zame!
Vamwe vatauri vanoti kuti tigokwanisa kutaririra vamwe!
Vamwe vatauri vanoti kuva dangwe pakufamba!
Vamwe vatauri vanoti izororo guru!
Vamwe vatauri vanoti mutumwa asina tsitsi!
Vamwe vatauri vanoti chibvumirano pakati pemunhu nomusiki!
Vamwe vatauri vanoti ndookurova!
Chokwadi chaicho ndechipiko?

MOSES MUSENGI

Kufuma kwayo Zimbabwe

KwaChiyadzwa mangoda haupedzi,
Bikita lithium chakata,
Mashava asbestos isharaude,
Hwange marasha mazakwatira,
Ndarama Zimbabwe yose ijakafiriri,
Hazviperi zvicherwa mune yedu Zimbabwe, nyika nyoro.

Madzishe ematunhu,
Makurukota ehurumende pabudiriro,
Nemi makambani ose enyika,
Tose tine basa,
Basa rekusimudzira yedu nyika, Zimbabwe,
Mukuvaka zvose:
Zvikoro,
Zvipatara,
Migwagwa,
Madhamu,
Zvinobatsira kusimudzira edu magariro.

Mune yedu nyika ndinoyeuka,
Dzizere nzvimbo dzakakomborerwa nemasango,
Mhuka namowo tekeshe,
E-eh tinadzo dzose nzvimbo:
Hwange National Park kuchamhembe kwakadziva kumavirira,
Gonarezhou National Park kumaodzanyemba kwakadziva kumabvazuva,
Devure Game Reserve kumabvazuva,
Chimanimani kumabvazuva,
Norumedzo jiri kumaodzanyemba kwakadziva kumabvazuva,
Nzizi nemowo dzoyerera,
Ndiko kufuma kwayo Zimbabwe.

Kungotendekera

Chivanhu chedu chaondomoka semadziro,
Zvichibva neivava vane hunhu hwakadyiwa divi nanyamututa,
Avo vasina muti unoira sanhu,

Vajaira kuraira makapu ose neasi avo,
Ndidzodzi nhubu dzine sikarudzi isingashungi:
Pana amai
        Kungotendekera,
Pachembere
        Kungotendekera,
Pahanzvadzi
        Kungotendekera,
Pasvava
        Kungotendekera,
Pamhandara dzakatendeka
        Kungotendekera,
Hadzinyari, kungotendekera chete chete!

Pamusha dziripo nhubu dzinoita chaibvamumba,
Mumasango dzizere nhubu mavandiravana,
Munzira vanhukadzi voshungrudzwa semhandire,
Kanawo varumesvinu mufaro havachiina,
Sokuti vakadzinhubu vongotendekerawo rakacheka nyika.

Tofarirepi isu vanhukadzi?
Tofarirepi isu varumesvinu?
Tofarirepi isu vasikana?
Tofarirepi isu maruva enyika?
Mapere mumbudzi zvaazadza yedu nyika!

Asi chingwarira zvino mupanduki,
Chingwarira iwe Tendekere,
Nokuti wako mufaromwena uchaguma,
Uyo musi mumwe rinodambura musungo gava,
Hokoyo!
Uchazviona!

Nyamutambirwa gwinyawo

Iwe nyamutambirwa gwinyawo,
Ndinoreva imi vana,
Imi vana, vana vechikoro,
Regai kutanda mbiri munopotsa dzose,
Muzive nyakuzvimbirwa ndiye nyakuraronetsana nesasa,
Naiyewo azora hurukuru ndiye nyakuswerogwabvura rake ganda,

Nokuti hurukuru haisosoni asina kuibata,
Kanawo igo harirumi asina kuridenha.

Musazvionera pasi semasvosve,
Muri vamwe vedu musaora mwoyo,
Musagumbuka, pauri ndipo pako,
Tatarikaiwo muri mune vamwe,
Nokuti akamhina afamba hazvienzani naTigere,
Kanawo atsunya arwa hazvienzani naNikisi,
Shingairai mangwana munobata chine muto.

Pazvanetsa bvunza, usanyara.
Njere moto unogokedzanwa,
Muzive chisingakumbidzanwi mukadzi,
Iro benzi bvunza rakanaka,
Ndizvo ane maoko maviri haatsvi nenyemba,
Batawo neako maoko nemwoyo unoda,
Vanoziva vanoti:
Chine meso hachinyimwi,
Ukakumbira ruzivo unoruwana,
Hecho chitsvambe kwamuri mose vechikoro vana,
Chinemi machiona?

Uri bhinya iwe!

Chimbonditarirai iyemi vana baba,
Pandiri pano chamunoyemura chii?
Chamungadonhera rute pandiri pano chii?
Chamunganzwira nhomba pandiri pano chii?
Pamungabata mukanzwa kuti mabata ndepapi?
Ndepapi chaipo pandiri ini ndumurwa?

Asi chii nhai?
Kupenga?
        Kudii chaizvo?
Danda rakaita sewe kuita sungiraimatunzvi?
Jaya rakaita sewe kuita mesendekedzo wechembere?
Rumesvike rakaita sewe kuvandira vana kuhuni?
E-e, uri bhinya iwe!

Asi chii nhai?

Kupenga?
Kudii chaizvo?
Imi vana madzibaba Bhabhirona,
Kudzungudza nhema muchiporofita?
Mweya rudzi unokutumai,
Kukutumai kutsvanzvadzira nepanoera?
Mweya rudzi unosimudza havi,
Kushandira munhu muri pakavanda, pasina tatu?
Kushandira rudzi munan'anidza makumbo?
Muteuro rudzii womoda kutsveta muzvidya?
E-e, ndizvo uri bhinya iwe!

Rwakauya neropa

Rwakauya rusununguko,
Rwakauya neropa,
Neropa rwakauya.

Tisakanganwa vana veZimbabwe,
Hatina kurupiwa pachena sendiro yemwedzi,
Pakateuka rakawanda ropa,
Magambakadzi nemagambarume,
Ravo rakadeurwa nevapambepfumi,
Ruzhinji rukarinonga svosve nomuromo,
Voshungurudzwa naawo mabvakure,
Mabvakure akatiza zumbu neuzangungu kwavo kumusha.

Vakati vomora upfumi hweZimbabwe,
Mari yaiita bhindepinde mune dzavo homwe,
Varidzi venyika vachifema guruva senyoka,
Mubvakure woita hwake hwose udaridama hwegava,
Kutsimbirira pasi inzwi remwana wevhu.

Akawa magamba muZimbabwe,
Mamwe mumajeri akamera midzi,
Inda neumhutu zvikatamba navo,
Zhara ikavakwevera makuvhu mukati,
Nyota ikavapisa somuchiso pahuro,
Hwose upenyu hwovava segavakava,
Ndizvo tichitaura:
Rwakauya neropa.

ANNASTACIA MBINDI

Dzaiva shungu

Dzaiva dzangu shungu,
Kuti dai taipiwa upenyu urefu,
Tose tararama tichiona zvaitirongera Wedenga,
Taizoona kuti zvido zvedu isu venyama ndozvaizoitika here,
Kana kuti Mwari ndovaizotonga sokuda kwavo,
Nanhasi ndine shungu hama yangu,
Kuti wakatungamira zvako Mwari vasati vatonga redu ngava.

Dzaiva dzangu shungu,
Kuti rimwe ramazuva ndaizopupurawo pamberi pako,
Pamberi pako iwe hama, kuti paya mugore riya,
Wakandigumbura, wakandibaya panyama nhete,
Ukandicheka nerakagomara,
Ndauyawo ndiri muenzi mako mumba,
Ndaida kuti iwe undibatsire nevamwe vehama.

Ndaitizve kambudzi kuzvarira pavanhu hunzi nditandirwe imbwa,
Ndiwezve wandaida kuti unditandire imbwa,
Hezvo wakapikisa evakuru mashoko,
Woti imbwa kwandiri sa-a, bata!
Kurungira here shumba kuti dzindiite machikichori?
Kudira here mhiripiri mune angu meso ndakadzvondora?
Kundikurudzira here kuti tuta udzokere,
Mvura yembambara inotizwa ichiri kure?
Ndiko kwaiva kuvaka kwacho here nhaiwe hama?

Dzaiva dzangu shungu,
Kuti waizoona rudo rwedu rwuchibhebha,
Izvo zvinova zvaiva zviroto kwauri,
Zviroto chaizvo zveharahwa kurota ichiyamwa,
Zvisinei ndiripo paye pawakandisiya riya gore,
Handina kuita mavato ebenzi seako mashoko.

Dzaiva dzangu shungu,
Kuti rimwe ramazuva taizochenurana,
Togarisana, muchechetere kudya tambarare,
Asi Mwari vakaramba zvavo.

Wakaenda hama tisati tapupurirana,
Mota riya risati ratushuka urwa,
Zvisinei ndakashinga kusvika ndawana korona,
Famba murugare hama,
Mberi ndinovimba tichazosangana.

Wepamwoyo

Kana dai rudo rwaisungisa ini dai ndakatenherwa kare,
Dai ndaiva ngoro ndakapera mweya mavhiri ese nekukufunga,
Kana dai ndaiva chemarasha chitima ose marasha akapera kubhebha,
Kukasara dota chete,
Rudo rwako rwunopengesa une dzose mudiwa,
Ndinotondera uriko mhiri kumaputukezi uko,
Yangu mhezi yavava yoda wayo mukwenyi,
Ndakariruka rangu zano.

Ndakaita mafungamafunga ndirere: 'Ndoenda here?'
Imwe pfungwa ikati unodyiwa nemakarwe anorura munaSave,
Imwezve ikati mutunhu murefu unoda vokwa murume chete,
Asika kure kwegava ndokusina mutsubvu,
Iye asingaedzi akazombohwinha mhenduru kupiko?
Kusiri kufa ndokupi?
Anondiita zvawo machikichori omaSave,
Mhezi yavava iyi inoda wayo mukwenyi.

Runyanhiriri mune yangu nzira ndakapinda ndiye kwazvakarehwa,
Mumusoro achingova mafunga mafunga emhou, mushayanyanga,
Hanawo ichingobika rayo sadza muchifuva,
Ko kwandaienda kwacho ndaigokuziva here?
Ko mutauro weveho ndaigowugona here?
Ko iyo yokudya munzira ndaiva nayo muhomwe here?
Chiregai ndizvionere pamhino sefodya, ndirimo munzira.

Retatu zuva ndiye vhu-u,
Kukuona ndasuwa mufaro wotouya,
Kungonzwa rako inzwi chete ndonyevenuka,
Ropa roita nhangemutange mune dzangu tsinga,
Imo mumwoyo ndichingonzwa kuti ndakazara.

Ndizvo uri wepamwoyo mudiwa,
Chiremera chinoshuvirwa nevazhinji mune angu maoko wotambidza,
Kugumburana hongu tinogumburana,
Ndizvo rudo mikwidza nemateru senzira,
Kana iye mwana anokura asingarwari anovhundutsa wani,
Nairwo rudo mutserendende runoshura zvemberi,
Ndozvinoita rudoka, harutsamwi,
Kugumburana tinochenurana.

Ndizvo mudiwa, mauri ndakawana zvizhinji,
Mauri ndakadzidza zvizhinji,
Mauri ndakawana chose chiremera chaamai,
Chinoshuviwa nanasisi vekubhawa,
Rudo rwako rwakandivimbisa kufara kusvika narinhi,
Chedu chitsidzo idombo risingaori: 'iwe uchave wangu, ini ndichave wako',
Kushanda tiri pamwe,
Munhamo nemukufara tiri pamwe,
Wangu munamato kumatenga ndosvitsa ese mazuva,
Vakomborere, varopafadze yedu mhuri.

Nhai vakuruwe!

Heya, bva zvatinokuonai tichikuyemurai ndozvamakatakura izvi?
Kuona hadyana kununira mafuta nekunze tikati zviri mukati haiwa hazvibviri,
Zvatinodarika nekunobva nemhepo yekwenyu tonzwa kunhuhwirira tikati vagoni zvavo,
Zvatinokuonai muchitakwaira sehonye,
Makazara zvizoro zvinonhuhwira, tikati ava vagere zvavo muchechetere!
Taigoziva here, kuti chakafukidza dzimba ndomatenga?
Oti kuzoziva mbuya hunge waudzwa,
Taisaziva kuti zvizhinji zviri mukati mebhuku hazvinei nebutiro rebhuku racho?

Chamakaresva vakuruwe ndechimwe chete,
Ko makaregereiko kutiudzawo kuti kusina amai hakuendwe?
Maifanirawo kutinyeurira kuti takabva nako kumhunga hakuna ipwa,
Dai makatirumawo nzeve kuti dota pora imbwa dzitambe,
Dambudziko renyu munonyorovesa zvinhu zvakaoma kare,
Izvi munozviita neuchenjeri neupangami zvekuti ari kunze haaoni,
Isu pataiona taiti zvese muchechetere mvura yeguvi,

Taiti ose machena hapana dema,
Nyamba ii-i mazangandari anokunda ngoma kurira.

Nhasi uno tongochema nemi vakuruwe,
Nemi imi musina kutiruma nzeve,
Kuti chakafukidza dzimba matenga,
Zvimwe taizopinda munedzedu nemuono wezvese,
Zvese zvingamuka mukati madzo,
Taikuchochorai tichiti zvavo vanodya nhapitapi,
Izvo anodya indye akange nane,
Taikuyemurai tichiti makarova nhamo neshamhu ikati neayo makumbo tande,
Izvo munononga svosve neyenyu miromo,
Kukuonai muri tsika nditsikewo tikati rudo pasina kana kavara,
Taigoziva here kuti vamwe venyu vazere neshanje neruchengera?
Vamwewo inhemeramumba,
Chirwere chenyu ndichocho vakuruwe,
Chekusarumawo enyu nzeve manyana anotevera.

Tiri kungochema nemi vakuruwe!
Ronda ramakatigamuchidza haripori kunyange nanhasi uno,
Potosangana nedzedu nhamo nhasi toshaya maitiro,
Chezivo tochishaya, mate mumiromo ogara akaoma setakatsenga namo yegonera,
Chakatsvukisa chin'ai dzenyu dzimba togarobvunzana nedzedu shamwari,
Imi makasima miti ikasvika pakudyiwa michero muchingoripo sei?
Imi baba makapa sekuru dzose dzeroora muchingova navo mai seiko?
Isu vanhasi zvotiremera,yatakasima miti yacho inozosara kubata totofunga zvimwe kare,
Sekuru vanoswera kutevera dzavo dzedanga dzedu dzimba ava matongo kare,
Asi kuchema kudai, toti ndimi vakuruwe-e,
Kubobomerwa kudai, toti ndimi vakuruwe-e,
Kuremerwa kudai, toti ndimi vakuruwe-e
Renyu basa hamuna kubata rose, makasakura asi hamuna kuzunza,
Makapinza mudanga asi hamuna kuzopfigira.

Kukuudzai nhasi yenyu mhinduro ndochirwadzo!
"Shingai vana vekubereka ndozvinoita dzimba, varume ndozvavari.
Kuona kupedza ura kudai tinavo, kushinga,
Zvamaitirana ngazviperere mumba,
Usafugura hapwa imba ivakike".

Zvomozondiudza nhasi here?
Kuti chakafukidza dzimba matenga, rega kufugura hapwa?
Maimbozvivanzirei kareko?
Ndosaka tichichema nemi nhasi,
Imi vakuruwe-e!

Rudo

Ini rudo ndakarwunzwisisa,
Kunzwisisa kuti chii chipuka ichi,
Rudo kunzwiurana, kudanana nekuitirana, zvose pasina godo kana shanje.
Pasina rudo imba yaramba kumira,
Pasina rudo homwe yaramba kusununguka,
Pasina rudo hunhu hwaramba kuvapo,
Ndizvo ndakambonzwa vachiparidza mapisarema,
Pamusoro pezvose rudo ngaruve mberi,
Ndizvo nhanga rinorema nderine mhodzi,
Bhera rinorira nderine ngende mukati,
Munhu kunzi munhu, rudo.

Pakusikwa takasikwa zvakanaka,
Munhu wese akazvarwa ane rudo,
Munhu wese akazvarwa achida nekudiwawo,
Zvichimufadza sei kuziva kuti pane anomuda?
Zvichimututumadza sei kuziva kuti kupiwa meno kudiwa?
Zvichimumhanyisa sei rake ropa kuziva kuti tinorarama murudo?
Ndizvo ndakadzidziswa zvizhinji naRudo.

Yangu shamwari yakati yopupura rudo ikati:
Ini chandakadzidza parudo,
Chinoita kuti rudo runakidze, kunzwirana,
Pasina kunzwirana rudo tonho semhino yembwa,
Rwenge murivo usina munyu,
Mukunzwiranamo anenge achiudzwa kuti anodiwa,
Anobva anzwa manyawi kuti nyau-nyau,
Ndiyo mhaka munhu anokupa rudo asipo,
Unenge bhora risina mweya, forototo,
Kungoti kwake gidhi wonzwa mafaro odzaruka.

Wangu mudiwa-diwa ndakanzwawo odura:

Rudo runotapira semazenga euchi,
Uri murudo unenge wakasungwa mbiradzakondo,
Pfungwa dzinenge dzakabatwa nechiveve nedzungu remudiwadiwa,
Nyika inenge ichitangira nekugumira pamuri imi vaviri,
Urimo murudo unenge uchiti hakuna vamwe vanonakirwa nerudo sesu,
Kana uri murudo ukasanzwa izvi,
Ziva nderwekunyengedzera,
Ukaona rudo rusingakupisi mumabhonzo zvivhunze,
Ukaona rudo rwatonhora,wedzera munyu,
Ndiye Rudo,
Rudo achitsanangurwa nekupupurwa navose.

Kuudza mwana hupedzisira

Mazhinji makore uchifamba urimo,
Urimo muchiuno chevako baba,
Nemangu mudumbu,
Ino mipfumbamwe uchimwa nekudya pamadiro,
Asi hapana zuva ratakakushungurudza,
Taigara newe mune zvakanaka,
Newewo nesu waigara murunyararo,
Pasina ugandanga neudaridari.

Nhasi zvarwe,woita chamupidigori,
Kubva zvawangonzi donhedzwe mune yangu nhumbu,
Kubva watanga kusandura hwangu upenyu,
Heya imhosvasu kuti ndakugamuchira?
Ndochingofamba ndichisvipa mate pese-pese,
Kudya ndave kudya nezvisingadyiwi,
Muriwo uye wandaiti kana usina mafuta idyai henyu,
Nhasi ndowava wepamoyo, mafuta anondinhuwira,
Zvawachingosandura kumeso kwangu,
Kana iyo mombe yevhu zvainogosara pasi.

Matyire ondoita mvura kana mucheche hausvikipo.
Iwo man'a adai kukombodza semabura,
Ko baba vako zvavaigara newezve usingambovanyan'anyuri,
Mwedzi mipfumbamwe iyi yazondibvisa chiri kumeso,
Musi wekurwadziwa ndoibongomera mhere,
Ndichasimuka, ndichagara, ndichafamba, ndichamira,
Kuzvirumaruma miromo kuti pada zvinonyarara,

Kwava kudanidzira vana mbuya: 'ndofa!'
Hunzi nanambuya: 'Ifa zvako muzukuru!'
Kuzodaro zvonyanya, ndobata mibhedha yemuchipatara,
Ndotanga kuisunda newadhi yese ndichitenderera,
Wanike vana mbuya vokuza vachiridza zvikwee,
Ndonzwa kuti hazvichabviri ndatsva nemarwadzo,
Murume wangu ndiye vhu ini chigunwe n'a,
Ndoponzi nachiremba: allow labour to progress,
Nezvandiri kunzwa here izvi?
Nechinguva chisipi ndange ndokomekedzwa kufema sembwa,
Mwana ndiye pfacha,
Miromo yaunoona yakatsengwa iyi ndiwe mwanangu,
Zvino zvawava panyika kudai chiziva kwawakabva mwanangu,
Ivawo munhu pavanhu, uve neunhu hunoyemurika.

Madhunamutuna

Votaura vakuru vanoti:
'Pasi pamera madhunamutuna'.
Uzviti nde-e hazvirambiki!
Unoona pwere ino ine mukaka pamhino,
Yodegaira dumbu riri mberi, chisiwonekwi,
Vakadya nyemba nevauya vakazvimbirwa,
Kudobvunza ivo vanamuparanzvongo vacho,
Unonzwa handichanyatsoziva,
Hanzi musi wacho ndaiva ndakadhakwa,
Zvevandakasangana navo vazhinji kwazvo,
Makazviudzwa nani kuti nepwerekadzi dzose dzose, dzinohudzasawo?
Hedzo dzorimwa muna Isaya, Asi vanaka!
Maitiro enyu mazuvano ogura kunorira,
Otikandisa edu mapfumo pasi.

Chomogona nhasi kupikisa,
Zvakatemwa nevakuru nyangwe naNyadenga,
Edu makore taiziva mhete uri mucheno wevakuru,
Nhasi unoona vedu vanakomana madhikauzi checheche,
Vamwe ndivo vozvichinja,
Hanzi Mwari vakakanganisa kuumba,
Ndiri mukadzi ini!
Vamwe ndivo votofamba vakamamonera marefu,
Utarise musoro unodzungudza,

Kuvabvunza unonzwaa tiri kumhanyirana nenguva,
Heya ndozvinoita vanomhanyidzana nenguva nhai?

Kuti ruziso kape kune wedu mwanasikana,
Ukazvifungisisa unoputswa urozvi nazvo,
Nhasi rakapfekwa bhande,
Rino rinosvika kuno kumusorosoro kwemabvi,
Bhande rosiya nyange zvombo zvavatenzi zvakati chena,
Mangwana tarisa kapombi kakapfekwa!
Kano kakumurahudanamumwe,
Kaye kanokururwa iye akagara pamubhedha,
Vamwe vachidhonza zvine simba,
Utarise kuno kumusoro!
Mashura nemazauone,
Ano makuvhu, a-ah hazvichataurwa,
Kubvunza ndochii?
Unonzwa: 'iyi *ichest out* iyiwo *iguvhu out*', Imiwe!

Nemuroora unoona shwadu shwadu,
Kufamba pamberi patezvara arimo musvimupombimo,
Hoyo musana wese panze dhe-e,
Chokwadi pasi parohwa nezamo rebere,
Mhepo yapinda mune yedu imba imharadzamusasa,
Imhopotera inoputira avo meso yodzoka yoputsa dzavo dzimba,
Hevo vakanganwa,
Fashani inouya ichienda,
Asi munhu unouya kamwe chete,
Naiye asina tsika imhuka, Mhuka yesango.

Kwadzinorohwa matumbu

Kwadzinorohwa matumbu,
Ndiko kwadzinomhanyira,
Kutonzi dzikama takabva neyo,
Kumhunga hakuna ipwa,
Rega zvipore upfavire ngoma,
Zvitanda tore munzeve pfa-a,
Hunzi vanotiudzeiko ivo nhasi varipi?

Kuvaudza kuti garai pasi muteerere,
Ivo vanoda kusimuka vachionekwa,

Kuvati vatai muzorore,
Ivo vanoda kumuka vachidya nyika rutivi,
Kuvati mirai semusambangwena,
Ivo vanoda kumira zinyekenyeke,
Kuvati porai mudzamise pfungwa,
Ivo vanoda zvinopisa hunzi tofambirana nenguva,
Ndakanda mapfumo pasi, ndazvikonewa,
Neromuromo ndashaya, mhinduro dzenyu dzinorwadza semimba,
Dzokei dzotishaisa mazano.

Zvino zvamati kudurunhuru go-o,
Modero kuita sembwa nzvere,
Pamuri angova mafunga-mafunga nzuma kufunga chakadya nyanga,
Ko kwairira ngoma kuya nhasi kwadini?
Vese vaikutusvaidzai zvino nhasi varipi?
Vamaiseka navo nhasi handivo vosekemi here?
Mangochisara zvino machiti chena semangai eparufu,
Chinonetsa kwamunorohwa matumbu ndiko kwamunomhanyira,
Imiwo vana zviito zvenyu zvinogumbura,
Zvino nhasi ndezvipi?

FANUEL DEWA

Harina anoziva

Ndinoti ndikafunga ndogumirwa,
Ramangwana randivhundusa,
Ndaona rima, rima dema-dema risina chiedza.

Ndichakunda here kana kuwira pasi,
Pasi pandisingazomukizve,
Ndicharoora here kana ndichavigwa zvangu negonzo,
Ndicharoorwa here kana ndichavigwa zvangu nemugoti,
Ramangwana ndaritya,
Harina anoziva.

Ndichaendepi kana ndafa?
Ah! Handizivi mberi,
Kuna Mwari here kana kuna Satani?
KuParadhiso kana kugehena?
Kundofara here kana kundochema?
Kundosunga here kana kundosungwa?
Handizivi pangu,
Ramangwana harina anoziva.

Vamwe vabereki vanopemberera,
Kupemberera kundo dzeavo dzemanyana,
Ko vangu vachadiivo?
Hameno,
Ndinotya zvemberi,
Ramangwana harina anoziva.

Izvozvi ndiri mukuvhima,
Muzavirira resango rizere njerere,
Dzinodudzira kune uchi nemukaka,
Asi yangu hana inongorova,
Ndichaenda neiwo kuna mai vangu,
Hameno,
Asi ndinotya.

Neavo manzwi esimbaradzo baba,
Neavowo amai eyenekano:

'Apunyaira haashayi misodzi, shanda nesimba une tariro,'
Ndichashanda,
Asi yangu hana ichingorova,
Ndinotya.

Zvemberi zvinondityisa kuzvirangarira,
Zvinovhundutsa changu chivimbo chasakara,
Zvichiodza wangu mwoyo mbirimi,
Nokuti ndinotya ramangwana,
Ramangwana risina anoziva.

Ndava negodo

Ndava negodo,
Godo rinobvira moto,
Godo rondishaisa mufaro.

Paunoita basa rinorema,
Wangu mwoyo unopisa,
Godo rangu rondibaya,
Ndichiti wourawa nebasa wangu,
Chikonzero ndinokuda.

Paunobatsirwazve basa naavo,
Mwoyo wangu haufari,
Ndinoona sewaiswa pamusungo,
Nokuti zvinonzi kuteya gonzo teya nedovi,
Ndoti dzimwe nguva vamirira upinde mune avo mariva,
Chikonzero ndinokuda.

Paunotemerwa huni nevane tsitsi,
Mwoyo wangu unodzimbikana,
Chido chemwoyo achandisiya ndotorerwa,
Deno taigona kugara tose nguva dzose,
Rangu godo raiita gama,
Chikonzero ndinokuda.

Pavanokureva ndinoyuwira,
Ndinonzwa shungu kuvira,
Handidi newe muyuyu wangu,
Ndichakanda angu manzwi evakiridzo ose mazuva,

Chikonzero ndinokuda.

Panovira zuva unorwadza wangu mwoyo,
Iwe wava kunovata kure kwandisiri,
Nhengo ndakugumbatira,
Nepakubuda zvinorwadzazve,
Chikonzero mhandu chasvinura,
Dzotikanganisa mufambiro nemafungiro,
Chikonzero ndinokuda.

Ndozvazviri

Kuzvishandura handigoni nokuti ndozvazviri,
Ukaona waunoda unofara,
Unofara nokuti ndo zvazviri,
Muvengi unosunga chisununu pakumuona,
Hapana zvokuita,
Nokuti ndozvazviri.

Wepamwoyo kuti nyengu, mhere pwati,
Wepamwoyo kuchema ndochemawo,
Ndizvo rudo runopinza kudarika banga,
Hapana zvokuita nokuti ndozvazviri.

Ukadya mangwanani hazvina kupera,
Masikati, manheru uchabika,
Zhara haina ndakadya zuro,
Kanawo kurwara hakuna ndakarwara kare,
Hapana zvokuita nokuti ndozvazviri.

Upenyu hune nharo,
Hapana chinouya wakagara,
Rugare chairwo nditange nhamo,
Pamwe unopotsa rugare napaduku,
Apo unorasa chiri mumaoko nokuuchira,
Yose itsoro youpenyu,
Kumira nokugara,
Kufamba nokumhanya,
Kumuka nokuvata,
Hapana zvokuita,
Nokuti ndozvazviri.

Rudo rwake mwana uya!

Rudo rwake mwana uya!
Rwandigara matundundu,
Kuparadzana naye hero dambudzo,
Musoro wozengaira sezifa romukaka,
Ndosangana neyake nyemwerero matoramwoyo.

Zita rake Rudo kana richitsinhirwa,
Pakudanwa hana yangu yobikana,
Yovhunduka rwake rudo rurefu-refu sechikei,
Chokumupa ndoshaya kuti rwose apakure,
Narini ruve rwangu pauzima.

Makamusema kare ndisinaye,
Makamutsvinyira kare ndisinaye,
Makamutakudza mutoro achi oga,
Nhasi mukamutsiga ndinotakura ini,
Mukamutsvinyira ndinonyevenusa ini,
Nokuti rwangu rudo rwose akatora.

Nditarise pake pachiso, pazere rudo neungwaru,
Ndichachema yengwena misodzi kana andisiya,
Ndicharwa semvumba kana mukamuvhiringa,
Ndichabaiwa pamwoyo mukamunyengera,
Nokuti change chishuwo ndechimwe:
Regai anarwo rudo rwake mwanaye.

Mavambo namagumo

Kokorodza njere dzako dziungane,
Funga zvakadzama paneri gapa,
Igapa remugwikemugwike,
Rinoda njere noruvhenekero rwedenga.

Tarisa bvunzo dzakunanga idzi,
Kuvata pasi hako nhasi,
Hope dzemugorodzera, rugare,
Ane nhamo anovata tsvuku,
Dziri shungu negadziriro,
Asi usakanganwa vematenga,

Nyange uchitsvaka iyo mari.

Muvhimi benzi, anoteya ake mambure,
Apedza kuteya ovata hope dzaNdazvipedza,
Mhuka pamambure dzobatwa dzichipudzunura,
Rodeuka anodzoka ari maoko bedzi,
Mwende nesimbe meno kugarika,
Saka svinurira ako mapepa uvanyadzise,
Utarise pose nomuhwaro nomungarani,
Nokuti bvunzo haina zvakeyi.

Ndati bvunzo dzakunanga idzi ngwarira,
Ndinodziziva ndiMapesva naMasarura,
Dziripo pakukupatsanura sezviyo nehundi,
Asina gadziriro oraswa yavehundi, maendanemhepo,
Nhamo naye nhunzi panyama yaora,
Anoiona ndondo sechikwepa chaVaMhinha,
Uyo anotsva uku achikaka meno,
Unofa achichiva, ukomba hwomuroyi.

Mazuva apfuura taiva tose,
Takaona akangwara mufudzi,
Iwe tsvaka nhodzera,
Tevera mwezha nebweka,
Zvipfuwo zuva richipo anounganidza,
Iwewo hapana chokumirira,
Bata yako ndima richipo zuva.

Chitokaka isimbe mbambo yamagumo,
Ungachavhunduka chikwepa chapera?
Ungachapingwa nerumhenda musoro waenda?
Unokunda, shinga,
Kwawakabva ndoaiva makata,
Pauri ava materu, tarisa.
Mbongorori dzokutaura dzakataura:
Kuparura kunotsa kudarika kuvhiya,
Kuteya kunonetsa kudarika kupikura,
Kuvaka kunonetsa kudarika kuputsa,
Kupfimba kunonetsa kudarika kuronga rudo,
Nokudzivawo mukakarara,
Asi bvunzo munyepfu zvawo, ndapika,
Kuvose vanopa gadziriro norukudzo.

Rugare tange nhamo

Mvura bvongodzeke ndiyo garani,
Mhezi isingapudurwi haipori,
Mushonga usingavavi haurapi,
Isingarwadzi mimba haiponi mwana,
Nairwo rugare haruuyi pasina nhamburiko.

Ko nzira isina makata inowanikwepi?
Hapana, anodaro Dewa,
Anotiwo hapana materu asina makata,
Saka usaazeza makata waaona, nokuti ndicho chivanhu chayo nzira,
Ndizvo upenyu hwapanyika hune zvifadzi nezvigumburo,
Asi iwe gara wakakunga rako gangauta,
Zvauya usadzokera shure, sunga wako mwoyo,
Ungadaro ukatsvedusa rwako rugare rwemberi.

Ko iro zuva rikabuda rinovira wani,
Kana iwoyu wamai mukaka unochururuka unopera,
Naidzowo nhumbi itsva dzinosakara,
Zvipenyu zvichitsakatika nokufa,
Mazimiti achizova dota pakuveswa,
Asi mhodzi ichikura kuita zimuti,
Ndizvozvo chaizvo zvoupenyu,
Aiva madziva achava mazambuko,
Aivawo mazambuko achiva madziva.

Munhamo umu hamudi dzouswa nguwo, dzinotsva,
Dzaunadzo chisunga dzisimbe,
Zidembutembu ukariita hameno hako,
Zvatiri nhasi zvichapfuura,
Ichapfuura iyoyi nhamo,
Asi inoda gadziriro nokuti inosiya ayo mavanga,
Kana mbare dzinosiiwa nomutanda dzinoshatisa mupambare wambuya,
Nemashoko emunhamo ndimaparadze,
Anosara oparadza iyo yaenda nhamo,
Ngwarira rurimi padambudziko,
Nokuti kamoto kamberevere kakapisa gare-gare.

Ukaramba nhamo nhasi parugare uchazotaura chii?
Chiziva, bata ubatisise angu mashoko:
'Mvura hobvu inotanga mhepo mberi,
Nairwowo rugare runotanga nhamo mberi.'

RANGARIRAI GUMBO

Ndanetseka ini!

Ndakati ndimire chivangavanga charo zuva,
Rakadikitira rikaoma, ndokudikitirazve rikaoma,
Ndakamira ipapo somufananidzo ndakatarisa zvangu,
Akaona chisionekwi angu meso,
Nhosvorameso.

Pakatanga kusvika iye muchengetedzi wemutemo,
Akaita rombo kwazvo kusangana neaityora mutemo,
Ndimirepo ndakati zvanaka vemutemo ravakadzidzira voita,
Akatanga kuverengwa mapepa enyika,
Akadzungudza wake musoro muchengetedzi wemutemo,
Ndakabva ndaziva kuti aida kuwedzerwa,
Mutyori wemutemo haana kupikisa,
Akabva angowedzera zvaidiwa,
Ini nazvo kanha,
Ndakasara ndichingonetseka,
Ndokuoma mate mukanwa.

Nechomumoyo ndakati regai ndinomira nechapamberi,
Ndisaramba ndichiona shura rakadai,
Chandakaona apa chakava chisisonekwi mudzi wehwe,
Paiva nemutsetse wakakura zvisina mukare akamboona,
Ndakanzwa nevaitaurawo kuti vaida magwaro,
Magwaro ekufambisa kuenda kune dzimwe nyika,
Nechemumoyo ndakati ini, ndiani achasara,
Unongonzwa iwe kuti ari pake ndiye mukuru,
Paiti munhu akapinda waizomuona padarika awa,
Uku musoro uchingodzungudzwa kuratidza kuti hapana chafamba,
Nechomumoyo ndakazvibvunza,
'Zvino pazuva panopinda vangani iro dungwe rakakura kudai?'
Moyo wakarwadza, uku ndichinetseka.

Ndakafamba ndave kunomira nechapamberi.
Apa ndipo pandakanzwa kutsemurwa moyo nepakati,
Ndakanga ndamira zvino pedyo neimba yeruponeso,
Kune vaya vanopfeka hanzu chena kunge ngirozi,
Avo vanobatsira vane zvinetso pamiviri yavo,

Mitsetse waingozvongonyokawo riri ziendanakuenda,
Akapinda mumwe mudzimai, ini ndokuteya nzeve,
Vakatukwa amai vemhuri kunge vasina kusimira,
Apa ndakabva ndanyanya kunetseka,
Hama dzangu inyika here iyi?

Inyika here yekuti murwere anotukwa, kumuwedzera marwadzo?
Inyika here yokuti vachengeti vemitemo ndivo vatyori?
Inyika here yokuti ari apa ane twake?
Ndibatsireiwo ndanetseka ini.

Mwedzi waZvita

Ndinourangarira nokuukudza asi nerunan'anidzo;
Ndiwo mwedzi wandakatanga kuona ino nyika,
Ndiwo mwedzi watinorangarira kuzvarwa kwaMambo wedu, Jesu Kirisitu,
Ndiwozve mwedzi hama neshamwari dzinoungana nyika yose,
Uyoyu mwedzi ndiwo vazhinji vanotsikwa mumigwagwa,
Ndiwozve mwedzi vamwe vanorasa muswe, kusvika pakusiya nyika,
Uyoyu mwedzi ndiwo dzimba zhinji dzinoputsika,
Ndiwozve mwedzi wokupedzisira wegore,
Asi zvawakatakura zvizhinji uye zvikukutu, Zvita.

Nhasi ndiri kunyora pamusoro pake Zvita,
Ndangariro dzandibaya dzaunzwa naZvita,
Zvita wakatora mudiwa wemoyo wangu,
Wakandionesa chisionekwi hwamai umhandara,
Akauya mukadzi mutema,
Ndokurwa semvumba,
Ndokututisa wangu mudiwasare ndave pachena,
Zvita vanga rawakandipa iguru, rakadzikadzika,
Nhasi ndave kuringa nzira Zvita,
Ndichiti zvimwe achauya mudiwa,
Nyamba akaita hwemuseve waenda neuma.

Vanga rawakandipa iguru Zvita,
Dzora moyo Zvita,
Vazhinji vari kuchema newe,
Ura vogara vakabata mune avo maoko,
Chikonzero ndiwe Zvita.

Ko wakambosikwa seiko?
Asi ndihwo ugotwe hunokututumadza here?
Tarisa vazhinji vedu tave nherera,
Chikonzero ndiwe Zvita,
Tarisa vazhinji vedu tave pfunda,
Chikonzero ndiwe Zvita,
Tarisa vazhinji vedu zvavamomotera zvirwere,
Chikonzero ndiwe Zvita,
Chidzorawo wako mwoyo Zvita,
Tose tipemberere rugare rwegore.

Nokuti tavapo

Payakarohwa nhetserwa kudaidzira vakakodzera,
Ivo vapakuri vedzidzo kunopakurirwa,
Kuti vazopakurirawo vemangwana vatungamiri,
Vaidikanwa padivi pechikomo,
Uyai neuwandu mumboedzawo rombo,
Nokuti kunokunda vanoedza.

Takaenda neuwandu hwedu hwose,
Chirega uone kushangazhika dai ndiri ini ndawana,
Dai ndiri ini ndakunda,
Sengoma inogona chete kuti pangu pangu,
Takazoiwana isu vemhanza mushure mokudikitira,
Takasvika tiri hwai mukati memakusha,
Takauya nechido chine tsitsi mukati,
Nokuvimbika kwedu kwose takamirira kuti tipiwe ruzivo.

Chirega uone iwe nhasi tavapo,
Tisu tava vatungamiriri pane ino nzvimbo,
Tichateerera ani isu tavapo?
Zvataida chaizvo ndizvo zvakaitika,
Taida kuti tivepo tigoita zvatinogona,
Ko tiri vanhu here isu?
Tinongoita vanhu kana tichiri kukumbira here?

Nhasi tava kuwanikwa pese-pese,
Tave kuziva pese-pese nepanoera,
Tava kupinda pese-pese nepanonzi hapadiwi isu,
Tava kuita misangano kuronga hwedu utungamiriri,

Ko tichatyei isu tavapo?

Isu vana hatikatari, hatikendengi,
Tinokatariswa neiko setine matyira?
Kana tavapo tisu tinotonga, vose tisingazezi,
Kana tavapo hatina watinoteerera,
Nokuti tavapo ndiani angabvisa isu varidzi vayo ngoma?
Ndiani angati pwe-e?

Mudiwa

Ndiwe chete wakaba wangu moyo,
Pauri ini ndokuperera ndese,
Handichina meso, ndava bofu,
Wakandipofumadza nerwako rudo ndiwe,
Ose manyawi orudo ndakakupa,
Ini ndakazvikochekera pauri,
Hapana mumwe angatora yako nzvimbo,
Nhasi dzose pfungwa ndasendeka pauri,
Wandisiya ini munhanga ndotofira.

Ndiri kurangarira mudiwa Tongo, iwe Tongo!
Zuva ini newe tadana, togamuchidzana rwedu rwechokwadi,
Kwandiri nyika yose yakava itsva,
Ndikava muzvarwapatsva,
Ndakabva ndaziva vematenga vandisanganisa neyeupenyu shamwari,
Ini ndokutsidzira iwe dzamara muguva,
Ndinokumbira neangu manzwi epasipasi pewangu mwoyo,
Dai Musikavanhu aitipa choupenyu chipo,
Waizoona kuti chokwadi ndicho chiri pandiri,
Ngavatizarurire vematenga vatitungamirire rwendo rweupenyu,
Waizoona kuti ndimire pane change chokwadi.

Zvose izvi,
Chikonzero rudo,
Rudo urwu katsono,
Katsono pakati-kati pemoyo dyu-u,
Dai waiziva kuti runorwadza sei rudo,
Hataiparadzaniswa nevhiringo dzenyika,
Tairezvana zvisina anoramba,
Tiri hangaiwa, manyambiri asina anoparadzanisa.

Ndashuva chedu chinyakare

Risati rarohwa nenyundo pasi,
Dzaivako harahwa, vatana vasina anopikisa,
Chembere dzichisvikawo pakudzurwa misana nendove,
Vakomana vaiita majaya, ino mitsvigori yemarume vari mugota,
Vasikana vaiita tsikombi, zvino zvigagairwa zvisina chazvinonenerwa.

Madzitete namadzimbuya vairwa vamire sebvumba,
Kana voita ravo basa,
Ravo basa riri rokukurudzira vasikana kuti vazvibate,
Nekuva nemutsa,
Okumisa nawo musha mazano vachitsemurirwa,
Idzo mhandara neninipiso dzoteya dzadzo nzeve,
Yakanga isingapotsi rairo pakadai.

Pamatare majaya aiti ndandanda,
Okuriritira nawo mhuri mazano vogamuchidzwa,
Ungwaru, umhare noushingi vachipiwa pachena,
Vachidzidziswa kutamba nepfuma kana muvengi asvika,
Mibato yemaoko vaifuridzirwa mune avo maoko,
Umbwende hwaitukiririrwa semunhu kusvika hwatama.

Kugarisana munzanga waivamuonera pamwe chuma chomuzukuru,
Kurima vaiita hoka, mushandirapamwe navose,
Kupura zvavo zviyo zvaiva zvimwe chetezvo,
Vahombarume kumambure vaironga dungwe,
Hapana paiitwa umbimbindoga.

Kuzoti pakuroora kana kuroorerwa,
Vaiungana vemhuri vachiisa musoro pamwe samakwai,
Vatete vaipiwa chavo chinzvimbo,
Baba vomira nepavowo,
Vaibata pamwe vakuru vachikoshesa yavo dzidziso,
Hanzi rume rimwe harikombi churu,
Nachowo chara chimwe hachitswanyi inda.

Chaiti chasvika chirimo nguva yekutura befu,
Chembere dzaikurunga huno hwunonyevenusa fungwa,
Mapira aichiitwa mhuri dzakaungana, muchechetere,
DzeJerusarema waiona dzoita zvadzinoziva,
Ndicho chedu chinyakare,
Ndachishuva.

Mhindupindu

Chokuziva hapachina apa,
Zvishoma nezvishoma asi zvichiparadza,
Chedu chivanhu tadyirwa nezviuya takapeta maoko,
Ndakaziva haitungamiri,
Chakatobaya chikatyokera,
Hezvo tokwabvura sembwa dzine gwembe.

Dziri dzedu mhandara yangove ringa nameso,
Zvakatangira pazvipfeko tichiti madziya,
Nhasi zvava paunhu,
Hevo vodzungaira nematenhe maboorwa,
Hunhu hwakanongwa nembwa kumarara,
Vangove vanaziwadawakaka ngoma yamadzidza,
Avo matumbu otakura vanachirimukati,
Asi wokupomera hapana achaziva,
Kutsiura kwangove kuedza mhanza,
Mhedzisiro hapana chinobuda, angova magavamwedzi,
Unomboti zvimwe chakachenjedza ndechakatanga,
Asi unokandiswa mapfumo pasi,
Votenderera zvavo semupendero,
Unhu hwavo hwakadyiwa nembwa kare.

Kana kuri kumajaya, zvototemesa musoro semoto wembaura,
Hwavo upenyu angove mamhinyepinye rusero rwavambirwa murima,
Pamwe unofunga kuti vakarasa yavo mwoyo vakatora yemhuka,
Kamuitire kacho kasiya,
Uri mwana toti igavamwedzi,
Rufambo dzvatsvatsva rosara pasi,
Vangava vana gumbomutsvairo vose-vose,
Vazhinji vangova zvitima zvamarasha,
Kufamba vachingopfungaira chiutsi,
Kudoti zvinorwarisa vopakira zvimiti munzeve,
Vabereki havachaziva vana vavo pazviso,
Vogarirako ku... vachifadza moyo,
Kuraradza ndiwo wave mugariro.

Kana zvirwere ungati zvakakushwa nemukushi!
Zvimwe zvacho mazita otonetsa kudaidza,
Madhokotera nemishonga zvakandiswa mapfumo pasi,
Ndiyo mhindupindu yanhasi iyi,
Yakandisa isu vazuro mapfumo pasi.

Ndozviudza aniko?

Vakuru vakati zano vaviri,
Chiri mumwoyo chinotaurwa,
Ukanyarara unofa nacho seuswa hwenyati,
Asi ini wacho ndozviudza aniko?
Baba vakaenda kwamupfiga nebwe,
Mai vakati wanonoka,
Vakateverawoyo.

Vaigarokurukura neni amai,
Kurauone zviri kumberi mwanangu,
Upenyu mwene wahwo usahutambise,
Chakafukidza dzimba matenga mwana wekubereka,
Tsungirira seri kwegomo hutambarara,
Asi kusvika parizvino pane zvandaonawo!
Asika ndozviudza aniko?
Ndozviudza aniko ivo vasipo amai?
Vakatungamira kare.

Vaigarondiruma nzeve ambuya pamusoro pekukura,
Tamba wakachenjera muzukuru, nyika ine meno,
Vakomana vanyengedzi ndivo vazhinji, tambira kure navo,
Kumhanya handiko kusvika,
Zve-e mandichimbidza akazvara mandinonoke,
Tora nguva yako uronge rako ramangwana,
Usamhanyire kumedza iko kutsenga kuchada,
Pashoma napashoma kufamba kwekamba,
Asika nhasi pane zvandati ndaona,
Ndozviudzawo ani iye musikavanhu akadaidza ambuya?
Dai varipo shumo yenherera,
Ndasara pachena,
Ndizvo chiri pamuchena chiri pamutenure.

Nhasi ndiri kukurukura

Ndiri kurangarira zuva riya mudiwa,
Zuva iwe neni tatsidzirana tichava tose,
Dzamara rufu rwatiparadzanisa,
Iwe uchindiudza hapana mumwe kunze,
Ndikati hekani ndapawana pangu ndega,

Pandinodya pasina anondibvunza,
Ndikati zvatava bhurugwa nebhandi,
Nyika ikati yatarisa nameso,
Isu vaviri tichinanaidzana,
Ndaigotyeiko sepane chandaiziva,
Ndaiti ndini hosi ndonyiminya,
Tichironga ramangwana pasina anopikisa,
Ndichiona imba yedu ichibvira moto.

Kunyora kuno kunenge ngano,
Wakaenda mudiwa ndakatarisa,
Ndokundisiya ini ndatotsika,
Hezvi ndodzungaira nenyika, kutsvaga rubatsiro,
Pane chipenheti ini ndini ndave kupemha,
Ndodiniko ini ndaiti ndawana wangu Tongo,
Rudo wakandisiya ndinarwo mudiwa,
Cheukawo uzomboona mhodzi yawakadzvara mune rangu dumbu,
Zvinorwadza kurera nhiyo pasina jongwe,
Zvakaoma kurera nyenye pasina nhongo,
Chipo chawakandisiira mudiwa,
Ndiyo nhumbu pasina baba,
Ndomupeiko ini nherera,
Ndomupeiko mukati merino sango,
Dzoka mudiwa Tongo,
Chidzoka kwandiri mudiwa,
Ndiri ndoga zvandiramba,
Ndichasvika rinhiko ndichikuona.

Ndipewo zororo mudiwa,
Ndava mudzungairi wenyika,
Ndabva chiri kumeso nechimiro handichina,
Ndiwo mamisirwo adzo dzimba here?
Kunge taiita mahumbwe chokwadi,
Waendeswa naMutirikwi mudiwa,
Wakamedzwa naSanangwe ndakaringa,
Kwayedzerei shumba yeGonawapotera yakumedza,
Nhai garamuchuru, chimbwa chedu chemoyo,
Ndiwe here chokwadi waenda,
Ndakaringa nzira,
Ndobata chipi, ndosiya chipi,
Ndava kuita kutsvaga kwewashaya,
Hope neni dzava ngano Shumba,

Kana nesadza chairo harichaminyiki,
Ndaikuda mudiwa nhasi ndiri kukurukura nezvako,
Akaenda wangu ndakatarisa,
Ndichisara ndichizvidya moyo,
Dai wakasiyawo shoko kwandiri,
Kungonditarisa nemeso kwava kuenda,
Nguva chete ndiyo yava kundiudza kuti wakatoenda,
Runorwadza rudo urwu rimwe gore uchazviona,
Hazvinei shamwari ndichatsungirira,
Vakuru vakati zviuya zviri mberi vakanga vaona,
Ndava kutonuna ndiko ndipone,
Ndichatyeiko iwe wakandisiya parumananzombe,
Mwana wotsva dumbu ini musana,
Kurauone vakataura vakuru,
Wakandigonera ukasiya wandityora gumbo.

Ndava kurangarira asi ndichangoona kwazvichasvika,
Wandisiya ndichiyuwira,
Imbofara zvako asi usafarisa,
Upenyu ishonga kamwe,
Mupfumi ndeane utano.

USHEHWEDU KUFAKURINANI

Misodzi pamatama

Mazuva ekuchikoro zvokwadi anga ari musanganiswa,
Kunge kunze kunoti nhasi kwatonhora mangwana kwapisa.
Ari mamwe mazuva taiita mufaro chose,
Asi mamwewo taipindana netwaisuwisa wose.
Regai zvinzi rimwe nerimwe rine zvaro,
Dzangu ndangariro dzandisundira kunodzimba uko kwakadaro.

Ndarangarira zuva rakatidzimba mwoyo isu vazhinji,
Patakarinzwa shoko takabvunza kuti Nyadenga nhai chinyi?
Ura hwakamonana mudumbu misodzi ikapwa pamatama,
Kutaura kudai kwapera makore makumi mana,
Asi kune vakarasikirwa nevadikanwi vavo mumhuri,
Ndangariro dzavo dzichipedyo hadzikumurwi.

Vanasikana vechikoro mhare pamitambo yakawanda,
Shangwiti dzainge dzakunda zvimwe zvikoro munharaunda,
Dzakasimuka nengoro yemoto kundokwikwidzana nedzimwe mhare,
Kuguta reMasvingo vakasimudzira pasina asingafare,
Vakasiya vaiita yekukunda mhiko,
Ko pane waiziva kuti kwakarongwa zvipiko?
Handiti taiziva takavati tigarirei pachikoro munotiendera kupiko?

Dutavanhu rakaguma rava meBoterekwa muhapwa,
Kunonzi denderere ndiro rakaputika ndokutovhiringa,
Dutavanhu rainge rakati shaku muura hwaro,
Rakabva rati munzira tsau,
Zvakaitika apa ndezvemeso,
Kuzvireva ini ijemedzo.

Pakare pakare takabva tatorasikirwa neredu guru gamba,
Mwanasikana mhare aitovewo mugore rekutanga,
Kana ari dhiabhoresi mukonzeresi tinoda kumudhedha nebanga,
Tigomukanda mune emavivi mazimoto tomukanga,
Kutikwachuririra chigagairwa upenyu chainge chovamba,
Dzimwe nguva tikazvifunga kana kuzvitambira tinoramba.

Pakapiduguka dutavanhu vamwe vakatyoka misana,

Vamwe mitezo yakapesana,
Chero maronda avo akapora hawo,
Asi kuzvirangarira kunopedza mufaro,
Tinobvunza kuti sei zvichimbobvumirwa kudaro?
Asi tingazivei isu tiri munyika ino nhasi,
Nyika iyo takangosimwawo semiti muvhu?
Ukada kuzvipishanisa ndiwe unokanda mapfumo pasi,
Kana rwauya hapana angarwutiza rufu,
Pasi tinoriziva rinodya hariguti,
Isu chedu kungogamuchira parinouya rerufu guti.

Kwapera mazuva akati kuti,
Pasi rakamedza umwe zvakare waidiwa chose,
Muchengeti wavasikana kudzinhanga,
Mudzimai uno aidiwa pamazano waipanga,
Vakomana navasikana takarwadziwa tikasungikana,
Vabereki navadzidzi vakazvinzwa naivo vakabatikana,
Kutorwa kwevedu mai kwakava kurasikirwa,
Takakangwa mate mukanwa nezvatainge taitirwa,
Iri misodzi yakasvika pakupwa,
Kana kuzadza taitozadza iro gungwa.

Tikafunga vadikanwi vakatisiya,
Misodzi pamatama inochururuka seziya,
Tinoti kwauri Theresa naMai Phiri,
Zororai murugare mweya yenyu hatiityiri.

Tichakura

Ndarangarira makore edu tichakura,
Tiri zvana, tichikudzwa nemabura,
Zvitumbu zvati shutu taindotamba chihwandehwande,
Wati 'huwi' waimanya kuvanda chero mugwande,
Vamwe vaitamba idzo nhodo,
Kuswera mumba kwete bodo, zvaiera,
Vamwewo ndivo vaitamba nerwodzi,
Haiwa ndipo tainzwa kuti papata gotsi,
Umwe wobata uko umwe wobata uko,
Tiri pakati tokwakuka tichidzana potoita chimuko.

Yehwishu mitambo ndarangarira,

Taimanya tamanyazve tisina matyira,
Paipera zuva tainge tamanya nzendo dzakareba zvinotyisa,
Ko iyo mitambo yepada?
Pachikoko apo ndipo pataida,
Waibva waita manyawi kudadira vasina.

Kwaizoitawo mitambo yezvidhinha,
Ndikazvifunga nesetswa ndinowira pasi,
Zvekutenga tumotokari ndezve vana vanhasi,
Isu nguva yedu taisunda zvitinha muhuruva,
Taitoswerera kusvika ranyura zuva,
Vaiva namadzikoma vaigadzirirwa dzewaya,
Kunesu vaiva madzikoma anogadzira taimboshaya,
Pane imwe nguva taitamba tichiumba nedhaka,
Taikwikwidza kuona aumba icho chakanaka,
Tatiwo kurei vamwe taindotamba gweshe,
Paidoka zuva yaingova shena yemuto wegwavava muviri wese,
Ndiwoka edu mazuva ekwedu kukura,
Ndipowo napo isu takapfuura.

Kumbaiti go!

Unorevesa mwana wehanzvadzi,
Kuti uhwu ndihwo hupenyu hwawada?
Upenyu hwekungoti chose ndipowo usina nyadzi,
Kana nekuteerera avamwe mazano hauchada,
Wasiyaneyiko neari muguva?
Unosarudza kumuka wakarara zuva nezuva?
Rinobuda zuva wakazvipfigira,
Rosvika pakunyura wakangozvikwidibira!
Unoti upenyu inyore zvatakadai?
Icho chakakubata chakakubata pai?
Munhu watakafundisa akapedzeredza!
Mabhuku emagwaro epamusoro wakaamedza,
Asi kuti utiwo ndotsvaka chouviri sevamwe kwete,
Zvino upenyu here kuswera wakambaiti go?
Zuro ndizuro wakati woda mari yekunotsvakisa basa,
Ini ndikati hauchiona, ndokukupa ndakasununguka,
Izvo ndaiisa mari mumwena usina mugumo,
Ipo pamba pacho wakatombopabva iwe?
Wangu musoro watemwa mwana wehanzvadzi,

Zvino muroora namukoma zvamakaenda,
Ndinorikwanisa here basa ramakandisiira iri?
Wedu waramba kana nekubuda mugota zvamo!

Pano handibvi

Gogoi, tisvikewo?
        Svikai svikai mukuru.
Tasvika tinodawo mutibatsirewo.
        Tokubatsirai neiko?
Ndinotsvakawo twangu.
        Mukwasha budai pachena.
Ndati ndotsvakawo wangu mwoyo.
        Zvino pano ndipo pamakaurashira here?
Handinyatsozivawo asi ndipo parehwa.
        Ndineurombo marashika vakuru.
Asi ndikacherechedzesa ndipowo zvedi.
        Imi baba imi pengerai kwamakaroiwa.
Zvino ndodiniwo mwoyo muti?
        Imi maiurega uchirashika sei?
Wangu mwoyo wakakwachurwa ndisingazive ipapo ndinzwei,
Wakakwachurwa naChigagairwa ndikavhunika makumbo
        Zvino muri kufamba nei?
Ndinofambiswa neshungu veduwe,
Shungu dzekuti pamwe ndingasangana naChigagairwa,
Ndomuti iwe Chigagairwa une mwoyo wangu.
        Chimbotendererai kumwe mutsvake pamwe munomuwana,
        Kwete pano handichabvi.
Ndinoziva ndipo pane wangu mwoyo,
Ndipo panogara Chigagairwa nyakuba wangu mwoyo.
        Zvino mucharara pazhepo.
Kana asingadi nemwoyo wangu waakakwachura,
Bva ngaachindipa wakewo.
Ndinovimbisa kusaita wekukwachura,
Pano midzi ndadzika handibve.

Ndaneta

Amon murume wangu ndamboedza,
Ava makore mangani ndakakumirira,
Ndanzwa nekugarira guyo sembwa,
Honguka wakaenda uchiti waida kuraramisa mhuri,
Zvino kurarama here kana ini nevana tichikusuwa misi nenguva?
Ndiyo ndaramo here kana usina wepamwoyo waunoturira dzako nhamo?
Kunganzi kurarama here usina wako waunoyemera,
Wako waunorezva naye paunorwusuwa rudo?
Hongu mari tinoiona, unotumira iwo chaiwo mazakwatira,
Chikafu tinodya, vana ihamburamakaka kusimba,
Kuzvikoro vanoenda zvine mbiri yapamusoro-soro,
Asi zvinobatsirei baba vachinge vasipo murume wangu?
Zvinobatsireiko kupembedzwa kunzi mai Murandani,
Iyo Randani yacho isingatipe gutsa-mwoyo nenyama?
Iyezvi mukoma wako pano haachabva,
Kana nezvaanotaura handichazvinzwisisi,
Zuro uno akapinda mumba medu mekurara,
Ndoti medu hangu asi iwe uchigere kana kumuona,
Naamwe magora ongondijairira sezhira yekudhibhii,
Ndakatanga ndichati handitauri navo,
Asi iyezvi ndava kungovadavirawo,
Iiiii ndaneta murume wangu,
Kana neni ndava kutozvityirawo!

Mai Pedzi, 2008

Kana zvasvika pamari yako yawakashandira,
Vazhinji tinorovera mwoyo padombo, tinoshaya matyira,
Mari yeziya rako inonzi iyi ndeyako,
Ukainyimwa unogona kuita chisionikwi mudzi webwe.

Mai Pedzi vaive mushandi kwete wehurumende,
Vaitya Mwari vaine chitendero chakasimba semwoyo wenjanji,
Zvekukiya-kiya zvaiitwa navamwe vakagara vakati kwete,
Chavo kwaiva kumirira kupera kwemwedzi chete,
Asi pane mwedzi yazvainge zvovagurawo kunorira,
Waive uno mwedzi waNyamavhuvhu uko kubhanga vakandorindira,
Masikati ndiye vabereki mari yapera,
Vazhinji vakati kwete hatiende munonotinyepera,

Misasa ipapo dzi-i, ko mari yatakashandira inogopera sei?
Mari yatainge tatambiriswa kubasa taiishaiwa nei?
Mai Pedzi vakabatanawo nevamwe semunhu wekure,
Kunyadai vaida kudzoka vainge vasina madzokerero shure,
Ko mari yebhazizve yaive mubhanga imomu?
Vehama kana musingazive kupererwa ndikoku,
Kumba vapwere vaingochemawo neyedumbu vakatarisa mai,
Kwainge kusingadzokereki usina chiro muzvanza,
Muvhuro wakapera vakasarawo nevamwe vachisimbisana,
Chipiri, Chitatu neChina zvakapera mai Pedzi vakangorindirai.

Panoita rushwambwa hapashaikwiwo manakira,
Pabhanga apa Mai Pedzi vainge vozivana nevanhu murakwatira,
Vakatosangana nedzimwe hama dzavainge vasingazive,
Riri bhanga rainge raita kuti aziva uno aziva uno,
Gumisire aizve zvamuri tete chaivo,
Zvamuri mbuya mukadzi wasekuru vangu chaivo,
Asi hazvaiunza hazvo mari nepaduku pese.

NeChishanu ndipo pakaitika chisionekwi makumbo enyoka,
Vaivepo vakashama nazvo vakangoti tuzu netsoka,
Kubva Muvhuro mari yaiti yauya nguva doko hapachisina,
NeChishanu mai Pedzi vakati zveusande hakuchisina,
Hakungadyiwi uroyi nekusvoda,
Hazvichadi kusatirimuka kana undonda,
Vakatanga nekudya madhorofiya mambishi nemhinzwa yawo,
'Nhasi ndoda mari yangu muno mubhanga muite kwamo,'
Vakayuwira vachisheedzera vachengeti vebhengi vakati kunyepa,
Vakada kuvasundira-sundira sekapepa,
Ivo tana senyama yemusorovachisimbirira,
'Mukuru webhanga aripi ndisati ndanyadzisira?'
Mukuru webhanga mufana wechidiki akabudawo achizvida-zvida.
'Chinyi chanetsa muchembere mari hapana itai muchibuda?'
Ipapo mai Pedzi vakazvikatanura vachindomira kumberi,
Ndiye dhirezi fugu tsve pachipfuva,
Yakave batai-batai kundotora mari yamai Pedzi,
Vaive muraini vakangoomeswawo mate mumukanwa,
Muchembere vakatobudirira nekuita zvekupedzisira!

Gel de banho

Veduwee kune kunyadzisa kunonyadza!
Ini ndikazvifunga wangu musoro ndoisa pakati pemakumbo,
Mazuva azvakaitika wangu muromo ndakasona nebumho,
Ndikati ndaizobuda mbiri nyika yose,
Kuita chiseko kusekwa nanaSekai vose,
Chinhu chakanaka kuziva dzimwe ndimi.

Ndakaikwira yemapapiro ndakananga kumaPutukezi,
Rwendo rwose hana yaibika gwatakwata nekutamba mbakumba,
Gono chirandu pindikiti munyika yavatorwa, kumaPutukezi,
Nhaka maPutukezi achationa,
Zuva rekutanga takapinda muchitoro,
Hekani waro mashura zvinyi izvi?
Hapana chimwe chaiverengeka chichinzwika aiwa,
Ndikati hapanetsi muromo ndinawo,
Pano ndabvunza apo ndabvunza,
Chirungu zvachiri ngoda kuno!
Ndikati hapashupe mupunga ndingakona kumuziva?
Asingazive nyama ndiani?
Ini nonge chino nechocho zvichitofamba.

Pamafuta ekuzora ndipo pandakaona chitsvuku,
Asi ndakazoti ndapedza mitunhu ndokuona "Aloevera,"
Ndikati asingaziviwo iyi iduta, ndiye nonge,
Ndasvika kumba ndazvigeza hangu zuva rekutanga,
Mafuta anguzve emhiri zore zore!
Ko chinyizve kushwinya shwinya kudayi?
Ndikati mafuta aya haana kugadzirirwa matehwe edu aya,
Zuva rekutanga, repiri neretatu ndichizora hangu chinyararire.

Ndakazongoti rega ndimbonyatsoongorora mafuta angu aya,
Ndokuona pakanzi "gel de banho,"
Nyika yatava kugara yanaka veduwee!
N'anga hadzichina mabasa zvokwadi,
Padandemutande ndakapinda ndokubvunzira,
Ndokuona pakanzi "shower jel,"
Ndakabva ndangobvaruka kuzviseka,
Ndanga ndichiita sipo yekugeza mafuta ekuzora!
Ungataurira ani zvakadayi?

Rwizi Rudo

Ndaitya kana kusvikapo parwizi urwu,
Vazhinji vakapereramo vakonewa kushambira,
Nekwainzi kurwukova rwutoko kwekutanga ndairamba,
Vazhinji vaiti ndiko kwaisanyudza kana rusvava rwaitambira,
Asi hazvaiva nebasa ko makarwe ke?
Ini ndainge ndazvipira kusasvika zvachose parwizi urwu, ndaitya,
Hongu vamwe vakaedza kundikwezva chose,
Ndikatombosvika pedyo ndokuona vari zvamunyurududu,
Vamwewo vaiita zvekubhaguja-bhaguja, musoro bhangu kuri kuzipirwa,
Napadiki ndabatana nevamwe iwe ndiye vhu,
Kwawakabva neko neni handichaziva,
Ndakamboda kukuganyabvura zvandaiita vamwe,
Pawakatanga yerwizi ndakati haundizivi,
Izvo ndini ndainge ndisingakuzivi,
Ndakasimba nekuramba kuri kutozvitema mupimbira,
Iwe wakaita mwoyo murefu neni,
Uchiti pandiri ndipo pamera wako mwoyo,
Wakanditsanangurira kuti hawaireva rwizi Rudo,
Waida kuenda neni kurwizi rwukuru,
Rwizi rwaidirwa nana rwizi Rudo vacho,
Ndakazongokubvuma, hameno chakandipengenutsawo,
Wakanditora ukanondiratidza rwizi rwukuru rwawaireva,
Takatuhwinamo tose nazvino tinongotuhwinha, bhangu tichingorova,
Takaita zvamunyurududu tirimo tikazipirwa kukanganwa edu mazita,
Nazvino tinobhagujamo upenyu hwuri kutifambira,
Tarisiro yedu imwe chete, hapana chichapotsa,
Kuti mangwana edu mazana achatuhwina makaremo!
Ndinokutenda mudiwa nerwizi rwawakandiratidza urwu,
Zuva rose ndinotuhwinamo tosanganamo,
Ndiko ndichiswera ndakabwinya ndiri nyeredzi yechirimo.

Svovi yangu

Zuro ndakati ndipowo rwako rudo,
Vhiki yapera iyo ndakakumbira zvakare,
Izvo pose apa kwaingova kuzadzikisa chirevo,
Uchingoti mumwoyo maisvakwadzo kutsva dzarungwa!
Wainge newe watotanga kukumbira kumusiki,
Kukumbira kuti ndikukumbire rwako rudo munyepfunyepfu,

Ndaizvuzvurudzana newe ndichiti zvimwe ndirikukunetsa,
Wako mwoyo uchiramba kundidonhedzera,
Uchindinyima kunge yechapungu minhenga,
Izvo kwainge kumirira nditore ndomene,
Ndiite zvekukatanura zvinyoro-nyoro,
Zvinotekenyedza ako manyawi,
Zvino ndakazoukatanura ndava nawo,
Wanguwo wakatora ukapakatira,
Wava svovi yangu ini ndiri yako,
Kunze hatimboziva kwakamira sei,
Iko ndiko kwotofanira kuziva edu mamiriro,
Zvimiti ndo-o munzeve vanhu vangatiputsa,
Mangwana tikasemana sembwa dzine gwembe,
Hakuna umwe angada kuzvigamuchira,
Asi ini newe tave ganda nebundu ramererapo,
Aizve zvainenge mviro mviro yekuparika!

Musoro watema

Ndatemeswa musoro nemusoro unotema,
Ungarega kutema nemakunakuna akadai?
Ko iwe unondibvunza zvemusoro wangu,
Kasi uri mutsva muJerusarema?
Nokuti wese muno wakakangwa mate mukanwa,
Chakonzerese kutemwa uku hapana mutsva wacho,
Rwiyo rweshiri pamuromo wewese muno mumana,
Sekuru vakozve ava Bapurai!
Iii ndikazvifunga ndinonzwa musoro kubanda,
Patapinda tinopatsudzunura neiko ipapa?
Maoko zvatinenge tasungwa mbiradzakondo!
Iwo makumbo munhope tinya ndiye nya-a.

Ndakangoona munhu vhiki yapfuura iyo,
Pano pamusha wakangoti vhu-u!
Nemusikana dumbu ange akadya nyemba,
Ndisati ndambokwazisa ndokunzi 'Muroora uyo baba,'
Tikati zvataitirwa nanevanji totatambira nemaoko maviri,
Ndakazoti ndobvunza tadekara hedu,
Tikati zvino wawativigira ndiani wekwani?
Baba vangu kani Gono Chirandu!
Ndakangobata wangu musoro,

Ndokubata changu chiuno,
Ndakabata hana ndikanzwa hecho chigayo,
Misodzi ndiye mokoto,
Bapurai watiitireiko?
Asi ndiye here kana kuti ndechekuchera?
Takamboreva nyaya iyoyi!
Tikati mazita edu aya achatikoromorera,
Taiti wada watora iro wada wanonga iro,
Apozve tichinozvidvara kure nerukuvhute,
Zvino nhasi hezvo mukatikati meJoza,
Hanzvadzi nehanzvadzi zvanongana!

Chegumi

Mabvisa chegumi here Amai?
Matapudza yenyu yemwedzi uno nhai?
Kwete kwete tapudzai isati yabatwa zvikwereti,
Bvisai chegumi musati mapinda kwanaMereki,
Madaro makomborerwa kusvika pakupfachukira,
Hupfumi hunenge hwotapukira,
Nokuti hamuna kubira wedenga.

Ko nhai Mufundisi!
Zuva nezuva munotipa iri divisi,
Ndava nemakore makumi ndichibvisa chegumi,
Ko sei hwangu hurombo husingagumi?
Ndinobvisa chegumi sekureva kwamaita,
Asi nazvino ndigere kuti zvangu zvaita,
Ko ndinganzi ndabira papi Nyadenga,
Izvo zvandiri nazvandinazvo ndezvake ega?

Kwete kwete amai ndimwi muri kupotsa,
Chegumi handicho badzi chakakosha,
Munofanirawo kupota muchizvinyima,
Gore roga richitanga rwisai rima,
Uyai nemumbhadharo wenyu wese wemwedzi,
Mopa somupiro kuna ivo Tenzi.

Ko ndaipira wani kubva gore rakapera museri?
Ini nemhuri taizvinyima tichiisa kereke mberi,
Kutaura kudai takanyura muzvikwereti,

Tiri kutotsvakawo angaita wedu muchengeti,
Zvasvika pakudzimba toita kunge tisingashandi,
Asi zvakangodaro chegumi hatiti hatikandi.

Ndiko kugonazve uko mwana waMwari,
Ramba wakadaro Jehova ndiye shamwari,
Ndinokuonai makatendeka mai Chitekete,
Iyezvino tava kuda kuvaka chikoro chekereke,
Tonotarisira zvakare kupa kwenyu kuzere,
Musaora mwoyo chakakosha haisi mari,
Mwari unoda munhu ari zvaari.

Bva kana mari isina kukosha Mufundisi,
Ndochimirazve kuibvisa misi nemisi!
Ndochimboita kuti mhuri irarame igute,
Handina wandabira handirute,
Nyadenga ungatirova zvakare neshamhu?
Iiiiii ini ndazoshaya pacho pane muganhu!

SIMBARASHE MACHAKWA

Ndiyani ati ambozvidetemba?

Ndoitawo zvishamiso zvakaitwa nevaremba,
Kutendeutsa yose nyika kunochecheudzwa,
Izvo zvaimboshorwa nhasi zvokurudzirwa!
Ndozvimweni neangu ayo mashoko omoverenga,
Asi mozvibvunza ndiani akambozvidetemba?

Rinobuda zuva muvhuro kusvika svondo,
Rega ndimbobvunzawo nhaiwe Ondo,
Usandidzvokora nerako rimwe sakondo,
Unerako here raunoti sabata kana svondo?
Kupa mbiri kumusiki ndozvaro here?
Kana kuti kwauri iwe haiwa iherere herere?
Unongoti chero zvazvaita bhurugwa rebenzi,
Kungova swerokuenda mukuwasha wezuva,
Dzangaradzimu mhepo isina payatangira!
Koshesawo wako musiki ndozvondoreva,
Wapepuka zvibvunze kuti ndiani akambozvidetemba?

Nyanduri simba ndovega apa zvekare muremba,
Zvedi rudzi urwu rwungori rwekukunda,
Iwe mhani haringakukanganisi fundo kana basa,
Zuva rimwe hariodzi nyama!
Wandisvora idi uchazviona chitoziva,
Chisi hachieri musi wacharimwa,
Mbeu haibudi nezuva rimwe,
Wako wepamoyo ukamupa nguva wani,
Asi akakusikai mose, musanganisi, muyananisi,
Zvekare ariye muraramisi hauna rake zuva,
Wazviona chizvibvunza pane vose vananyanduri,
Ndianiko akambozvidetemba?

Ndibaba vane tsitsi,
Rudo nenyasha akataura wedu mutumwa Pauro,
Anongoregerera hazvinei unechii kana wakadii,
Wangomugamuchira zvokwadi hwako hwova mutserendende,
Asika wamuramba wazvisikira moto muziso,
Woziva woga wakazvikanda mumafeso,

Wafadzwa, wadzidziswa,
Zvakubata chinyatsonzvera vose wozvibvunza,
Kunze kwaSimba kechidiki kanyanduri,
Ndiyani anga amboti azvidetemba?

Iva nopokuzembera

Uchiona hwako upenyu hama hunorema,
Honzeri zvakawanda zvakaremba,
Ziva kakara kununa hudya kamwe,
Pane hwako upenyu uchi pane vanomora,
Zvakanaka chete ndezvovo mora,
Kuzoti uchidai kwanzi watokoromora!
Zvino ini ndati tsvaga pokuzembera.

Uchiona zvakadai hakuna chisina mai,
Zvakanaka hakuna muti usina midzi,
Zvino iwe unoda kuita munhu rudzii asina mudzi?
Sedutu haikona kungotenderera,
Nokuti zvakanaka vavengi vokuvhomorera,
Rangarira izvi ndambozvireva,
Tsvaka pokuzembera!

Chizembero chisingawi newe ndivo Nyadenga,
Vanova vanoyananisa nevakakusika,
Zvinokufambira ndoziva uchatoshamisika,
Hwako upenyu nyatwa dzonobva dzashambidzika,
Ingava yepamusoro dzidzo basa kana emari mabhindauko,
Usina pokuzembera idi kwaunoenda unokudzoka,
Chiri mumusaka saka chozvinzwira,
Chitsvakawo pokuzembera!

Vamwene nemuroora

Vehama munondionerawo here zvandinoona?
Nyatsoongororai mugobva mavaona,
Wakavatarisa ungati vaimbova?
Kana kuti ungati achazova?
Mhere mhere ndeye zuva nezuva,
Dzamara vaparadzaniswa nairo guva.

Kukakatirana sevachabvarura,
Kushaya neanoti harisi ruva,
Umwe oti ndini ndakatumbura,
Umwe oti ndini ndakatsaura,
Gakava ndohwenyu here vamwene nemuroora?

Yauya tsvigiri makomichi vanotunidza zvinogumbura akati muroora,
Ndakaberekawo vanopindura vamwene,
Ndati gakava ndohwenyu here imi vaviri?
Makanganwa here kuti imi maimbova?
Uye zvavari uchava?
Zvino dambudziko apa tingati ndiani?
Tikatsiura vamwene sandizvowo here zvaiitwa pavaimbova?
Ko iye muroora sandizvowo here zvaachazoita paachazova?
Asi ndati gakava ndohwenyu here imi vaviri?

Usaita nharo saro

Vanoripembedza voti rinochengetedzwa nevapfumi,
Asi richipotserwa nevarombo,
Wapenengura woona ndinoreva iro dzihwa.

Haridi kuona pane icho chakanaka,
Parisingadiwi rinongoshanya,
Pakanaka rinoda kuchengetwa nevane mari,
Rapotserwa nevarombo mumaoko rorambira,
Saka rinoda zvipi?
Asika pane anorida here?

Newewo chirega kuita saro,
Padzisingadiwi wosiyawo nharo,
Mhedziso vanokuita zinoirema,
Vamwe vokuratidza pachena,
Asika panenge paine anokuda here?
Ndakuyambira usaita saro,
Neparisingadiwi rinongoita nharo.

Kambudzi

Ndipowo kambudzi kako shamwari?
Wanzwa mashoko aya mudhorobha zvokatyamadza,
Ngei ngezvembudzi kubhuya mudhorobha?
Wozvidzora zvamazuvano hazvibvunzwi.

Zvipikowo yemari shoma muhomwe yobudiswa,
Wanike ndekechidiki kafoni watarisa,
Zvatiomesa mate mukanwa isu vekumamisha,
Asi zvimwe kurasika hazvidi kurambotarisa,
Yagonzi mbudzi zvadyidzana papi?
Inosvoresa mbudzi zvoreva?

Fananidzo yakadai inoda naYave kupenengura,
Nokuti zvimwe hwedu udofo pachena totofumura,
Ndazvitaura ini Mushayachinoera, handina chekumirira,
Hwenyu hurombo musavharira,
Pakambudzi moda kuhwandira,
Uchinyara pachena buda handina,
Haikona kuita chijairira,
Hunonaka usavi hwembudzi moda kutivhiringira.

Kangava kadiki wani kanotaura,
Mbudziyadhura wani akatadza kukadaira!
Saka mukoma haikonai kukajairira,
Hazvinei enyu pakati mumwe ava kutonditaura,
Zvino manyara pachena ndafumura,
Dzenyu hapwa haikonai kufukura,
Nokuti mangoti kambudzi haipo mari tatoziva,
Kungotaurawo hangu regai nditombodaira kangu kambudzi,
Haroooooooooooo!

Vasikana vaendepiko?

Wangu mubvunzo haunei nezera,
Chingopindurawo newe Chihera,
Mazera ose ndibatsireiwo,
Nokurwadziwa kukuru ndobvunza mhandara dzaendepiko?

Ndotiwo yokuvigirwa haingavimbiki nyama,

Ndotoda yokubaya ndoga musango ndopindawo,
Ndoti ndawana mhara wanike imvana,
Ndoti ndotora mhuru kana mbudzana?
Ndoti ndoti wanike do do do ropa!

Pakadai tsitsi dzozara wangu moyo,
Nokuti emapfumo haasi kupora chero kumhuru,
Veduwe nemhuru mongobayawo muchisiya?
Ko vabayi ndivananiko vanovhima vasina ramangwana?

Ko zvakwava nemitemo yokuchengetedza masango waniko?
Nyangwe nhomba yakutsvatai varume mobayawo nemhuruwo here?
Ko idzo mhuru dzoshayawo rokutiza mapfumo ane ngurawo here?
Aaaaaa!
Veduwe vasikana vaendepiko?

Firapamuromo

Zvamunoona pati chiutsi togo ndopane moto,
Kune anoronga neanofunga izvo ndezvemaroto,
Kwenyu kuronga verudzi rwangu handikuoni ini,
Ndoda kudai ndigodai wanike tikati!
Kuzoti titi tichitiwo wanike zvipi?
Dzaingova shungu dzedhongi dai ndaidyiwa nyama,
Kuchironda zvose zvishuwo nezvivimbiso yangova firapamuromo.

Wambocherechedza here kwabva yako pfungwa?
Waishorerei wazivasei pamwe ndopane kwako kupfuma!
Ko iye aronga akaputsa zvatisina kuona ndiani?
Rwangu rudzi pfungwa makapiwa.
Bva-a chiita tione kwakungodzamba dzamba,
Seuya wakonwa padare,
Zvokwadi woona zvose zvinongofira pamuromo.

Asika wakupa tsiru wakupa mukaka,
Kusakama kwako haisi mhaka,
Dzaunadzo njere zvimwe wapiwa mukana,
Chirega kupfuya mumusoro ngazvionekwe,
Zvingashoreke, zvingatyise asika anokwenya ndeavaviwa,
Dzako pfungwa ngadziti tushu semota,
Kwete kungova firapamuromo.

www.ingramcontent.com/pod-product-compliance
Lightning Source LLC
Chambersburg PA
CBHW081426090726
47908CB00010B/2637